Risikovorsorge

Risikovorsorge

Das Rechnungswesen als Informationsinstrument zur Steuerung und Kontrolle bankbetrieblicher Risiken

Herausgegeben von
Professor Dr. Rosemarie Kolbeck

Mit Beiträgen von
Erich Dreher, Martin Kohlhaussen,
Dr. Klaus Mertin, Dr. Johann Remmers,
Dr. Drs. h. c. Helmut Schlesinger und
Dr. Eberhard Spieth

FRITZ KNAPP VERLAG FRANKFURT AM MAIN

ISBN 3-7819-0323-0

Gesamtherstellung: Beltz Offsetdruck, Hemsbach
Umschlaggestaltung: Manfred Jung, Frankfurt am Main

Printed in Germany

Inhalt

Autoren des Bandes

Dr. Klaus Mertin
Vorstandsmitglied der Deutschen Bank AG, Frankfurt

Dr. Eberhard Spieth
Vorstandsmitglied der Treuhand-Vereinigung AG, Frankfurt

Martin Kohlhaussen
Vorstandsmitglied der Commerzbank AG, Frankfurt

Dr. Johann Remmers
Vorstandsmitglied der DG Bank
Deutsche Genossenschaftsbank, Frankfurt

Erich Dreher
Vorstandsmitglied der Hessischen Landesbank-
Girozentrale, Frankfurt

Dr. Drs. h. c. Helmut Schlesinger
Vizepräsident der Deutschen Bundesbank, Frankfurt

Vorwort

Angesichts wachsender Risiken in der Kreditwirtschaft gewinnt die *Risikovorsorge* der Kreditinstitute zunehmende Bedeutung. In diesem Zusammenhang interessiert in besonderem Maße die Frage, *inwieweit das Rechnungswesen der Kreditinstitute die zur Steuerung und Kontrolle bankbetrieblicher Risiken erforderlichen Informationen bereitstellen kann.* Die Veranstaltungen des Bankwirtschaftlichen Kolloquiums an der Johann Wolfgang Goethe-Universität Frankfurt am Main, die abwechselnd von Prof. Dr. W. Engels, Prof. Dr. B. Rudolph und der Herausgeberin gestaltet werden, wurden im Sommersemester 1984 diesem Generalthema gewidmet und namhafte Praktiker aus der Kreditwirtschaft eingeladen, über einzelne Aspekte des großen Problemkreises zu sprechen. Ihre Vorträge sind im vorliegenden Buch zusammengefaßt worden, um sie einer breiteren Öffentlichkeit zugänglich machen und damit der großen Nachfrage nach den Vortragsmanuskripten entsprechen zu können.

Die Reihenfolge der sechs Vorträge ergibt sich aus dem Versuch einer Systematisierung der behandelten Themengebiete. Während in den ersten drei Vorträgen das externe Rechnungswesen als Informationsinstrument überprüft wird, steht im Mittelpunkt der beiden folgenden Vorträge die Informationsgewinnung aus dem internen Rechnungswesen in unterschiedlichen Ausprägungen. Die zusätzlichen Informationsmöglichkeiten, die die Deutsche Bundesbank durch die Verdichtung von Zahlen des bankbetrieblichen Rechnungswesens bietet, sind Gegenstand des letzten Vortrages.

In grundsätzlicher Weise beschäftigt sich Herr *Dr. Klaus Mertin* mit der Risikovorsorge im Jahresabschluß der Kreditinstitute, indem er sowohl die Kriterien zur Beurteilung notleidender Kredite als auch die Bewertung von Kreditrisiken einschließlich ihrer bilanzmäßigen Auswirkungen untersucht. Einen Schwerpunkt bildet dabei die neue Bewertungsdimension der Länderrisiken, die eine Erhöhung der Risikovorsorge erfordert.

Mit den durch die EG-Anpassung des externen Rechnungswesens der Kreditinstitute zu erwartenden Änderungen befaßt sich Herr *Dr. Eberhard Spieth.* In einer umfassenden Stellungnahme, in der auch die historische Entwicklung des europäischen Bilanzrechts nachvollzogen wird, erfolgt eine eingehende Auseinandersetzung mit der bisherigen Generalnorm „möglichst sicherer Einblick" und der neuen Generalnorm „true and fair view" sowie den Auswirkungen des künftigen Rechnungslegungsverständnisses auf die Möglichkeit der Risikovorsorge durch die Bildung stiller Reserven.

Der Konzernabschluß der Kreditinstitute wird von Herrn *Martin Kohlhaussen* als bilanzmäßiger Niederschlag ihrer Konzerngeschäftspolitik betrachtet. Ausgehend von der Möglichkeit der Bildung sogenannter Kreditpyramiden, die tendenziell das Kreditrisiko erhöhen, wird besonderes Gewicht auf die im Zuge der Novellierung des Kreditwesengesetzes geplante Einführung eines bankaufsichtsrechtlichen Konsolidierungsverfahrens und deren Auswirkungen auf die Geschäftspolitik der Kreditinstitute gelegt.

Die Möglichkeiten und Grenzen der Erfassung und Steuerung des in den letzten Jahren stark gestiegenen Zinsänderungsrisikos mit Hilfe des internen bankbetrieblichen Rechnungswesens werden von Herrn *Dr. Johann Remmers* erörtert, indem er das von der Deutschen Genossenschaftsbank dafür entwickelte Konzept vorstellt. Er zeigt dabei auf, wie sowohl den Informationsanforderungen des Bundesaufsichtsamtes für das Kreditwesen als auch den darüber hinausgehenden Informationsansprüchen des Managements eines Kreditinstitutes Rechnung getragen werden kann.

Der Ausbau des internen bankbetrieblichen Rechnungswesens zu einem umfassenden geschäfts- und risikopolitischen Planungs- und Steuerungsinstrument wird von Herrn *Erich Dreher* an Hand des von der Hessischen Landesbank-Girozentrale entwickelten und praktizierten Modells dargestellt. Deutlich wird dabei vor allem, wie der auf dem Opportunitätskostenprinzip basierende Ansatz den Arteigenheiten der Kreditinstitute in kosten- und erlösmäßiger Hinsicht gerecht zu werden versucht.

Der Abrundung der Darstellung dienen die Ausführungen von Herrn *Dr. Drs. h. c. Helmut Schlesinger* über die Bankenstatistik der Deutschen Bundesbank, die auf den Zahlen der Monatlichen Bilanzstatistik und damit auf den bilanzorientierten Rechnungswerken der zur Meldung verpflichteten Kreditinstitute basiert. Als Informationsmittel und analytisches Instrument für die Geldpolitik der Deutschen Bundesbank entwikkelt, eröffnet sie auch den Kreditinstituten zahlreiche Auswertungsmöglichkeiten, nicht zuletzt über Art und Ausmaß bankbetrieblicher Risiken.

Mein herzlicher Dank gilt den Herren Referenten sowohl für ihre Vorträge und Diskussionsbeiträge in den Seminarveranstaltungen als auch für ihre Erlaubnis zur Veröffentlichung der Manuskripte. Sehr zu danken habe ich auch meiner Sekretärin, Frau Rose Staufer, und meinen wissenschaftlichen Mitarbeitern, Frau Dipl.-Kfm. Eva Terberger und Herrn Dipl.-Kfm. Günter Hofmann, für ihre tatkräftige Unterstützung bei der Reproduktion der Manuskripte.

Frankfurt am Main, im Oktober 1984

Prof. Dr. Rosemarie Kolbeck

Risikovorsorge im Jahresabschluß der Kreditinstitute

Von DR. KLAUS MERTIN

Ich referiere nicht über die internationale Schuldensituation, ihre Behandlung und deren Erfolgsaussichten. Sicher erfuhr unser heutiges Thema von dort seinen aktuellen Bezug. Dennoch beabsichtige ich - wie sollte es in einem Universitäts-Seminar anders sein -, mich streng an die vorgegebene Thematik zu halten. Ich werde lediglich, um Diskussionspunkte herauszuarbeiten, meine Meinung mitunter thesenhaft vortragen, ohne diese durch ausreichende Argumentation zu untermauern.

I. Zur Einstimmung

Es erscheint mir zweckmäßig, daß wir uns zur Einstimmung etwas näher mit dem Betrachtungsobjekt Kredit, dem Erkenntnisobjekt Kreditrisiko sowie mit der Bilanzposition Forderungen befassen.

1. Betrachtungsobjekt Kredit

Zunächst also zum Betrachtungsobjekt Kredit, genauer zum Bankkredit als Spezifikum. Denn Kredit einzuräumen und in Anspruch zu nehmen, gehört zu den charakteristischen Handlungskriterien aller Unternehmen. Die hierbei entstehenden Forderungen außerhalb des Bankgewerbes (z.B. aus Lieferantenkrediten) sind Derivativa der jeweiligen betrieblichen Hauptleistung, die i.d.R. durch den vorausgehenden Umsatzvorgang bereits abgeschlossen ist.

Nicht so beim Bankkredit. Bei Kreditinstituten müssen wir die Kreditgewährung als betriebliche Hauptleistung begreifen, charakterisiert vor allem durch die Schuldnervielfalt wie Staaten, Banken, Unternehmen und Privatpersonen.

Diese Einzelschuldner können sich darüber hinaus zu einem einheitlichen Forderungsbündel gegen ihr jeweiliges Land verdichten, sobald die Kreditnehmer vertraglich vereinbarte Zinsen und/oder Tilgungen in Schuldwährung nicht mehr erbringen dürfen. Der Eingriff von hoher Hand aufgrund von Devisenmangel führt zu einer neuen Bewertungsdimension, dem "Länderrisiko". Sie hat - wie Sie alle wissen - den Bedarf an Risikovorsorge der Banken in den letzten 3 Jahren ganz erheblich erweitert.

2. Erkenntnisobjekt Kreditrisiko

Einige Sätze zum Erkenntnisobjekt Kreditrisiko. Das Unternehmensziel der Kreditinstitute kann - in Anlehnung an Rieger, einem der Altmeister der Betriebswirtschaftslehre - durch die Formel: Geld - Kredit - Wiedergeld + Zinsen charakterisiert werden.

Jede Nichteinhaltung der Liquidisierungsvereinbarungen bedeutet bereits ein konkretisiertes Risiko der Bank. Dies gilt umso mehr, wenn - liquiditäts- oder zinsrisikobedingt - kongruent refinanziert wurde. Die Intensität des erkennbar werdenden Risikos wird vor allem durch den Unternehmenskreislauf des Kreditnehmers bestimmt.

Die vorstellbare Vielfalt dieses Geld-/Materialkreislaufs beim Schuldner läßt die Spannweite potentieller Ursachen von Kreditrisiken erahnen. Darum sollte die Kardinalfrage jedes Kreditgebers lauten: Welche betrieblichen Prozesse sind vonnöten, um die Mittel zur Kreditrückzahlung bereitzustellen, oder komprimiert: Woraus soll der Kredit zurückgezahlt werden?

Für die Notwendigkeit und Berechtigung dieser Fragestellung ist übrigens das Risiko für die Bewertungseinheit "Land", das Länderrisiko, aus verschiedenen Gründen ein typisches Lehrbeispiel geworden.

3. Bilanzposition Forderungen

Kredite könnten sich in verschiedenen Positionen der Bilanz niederschlagen. Zu den Forderungen in der Bankbilanz deshalb einstimmend noch folgende Anmerkung:

Banken sind mit ihren Kreditnehmern in der Regel in vielfältiger Weise verflochten. Ihre Geschäftsbeziehungen enthalten - man denke z.B. an den Betriebsmittelkredit - ein sehr dynamisches Element.

Durchschneidet die Bilanz diese Zahlungsströme am Stichtag für eine Sekunde, so werden zusammenhängende Finanzierungsvorgänge oft willkürlich auseinandergerissen. Der Forderungssaldo kann deshalb durchaus ein Zufallsprodukt sein und ist es zumeist.

Schon aus diesem Grunde müssen wir uns vor Augen führen, daß alle Bewertungsmaßnahmen zum Bilanzstichtag, soweit sie das Kreditrisiko zum Ausdruck bringen sollen, ein unvollkommener Behelf sind und bleiben. Wer sich seine betriebswirtschaftliche Phantasie für die Gestaltungsformen des dynamischen Werteflusses bewahrt, den kann diese statische Unterstellung eines mehr oder weniger richtigen Bilanzansatzes nicht befriedigen.

Denn alle Forderungen gehen in einem für den Kunden zufallsbedingten Zwischenstadium des betrieblichen Ablaufs Geld - Kredit - Wiedergeld in die Bilanz ein. Deshalb sollte man richtiger den Bewertungsvorgang als eine Antizipation oder Diskontierung künftiger Rückzahlungsfähigkeit des Schuldners auf den Bilanzstichtag definieren.

II. Der notleidende Kredit

Für die spätere Ermittlung des Risikopotentials bedarf es zunächst eines Herausfilterns der "notleidenden" Kredite, d.h. der Kredite, deren Liquidisierungsprozess gefährdet erscheint.

1. Stichtagsproblem

Wenden wir uns deshalb deren Kriterien zu. Auf die nahezu willkürliche Projizierung dynamischer Rücklaufprozesse auf die logische Sekunde des Bilanzstichtages verwies ich. In der Bankpraxis ist man sich dieser Schwierigkeiten durchaus bewußt. Man denke nur an das Spannungsfeld, das zwischen einer viel höher eingeräumten Kreditlinie und dem rein zufällig niedrigeren Debetsaldo am Jahresultimo entsteht, weil die Wiederinanspruchnahme bereits in den ersten Januartagen ablesbar ist. Die Hausbankfunktion führt ohnehin - zumindest in Universalbanken - zu einem Ausmaß an finanzieller Verflechtung, das die kreditgebende Bank das unternehmerische Risiko des Kunden in vollem Umfang mitlaufen läßt. Dies gilt unabhängig davon, ob es sich z.B. um ein langfristiges Investitionsdarlehen mit festen Rückzahlungsraten (und zumeist auch

Festzinsvereinbarung) handelt oder um ein laufendes Konto mit marktadäquater Zinsanpassung. Der Rückfluß des Investitionsdarlehens z.B. ist von der Produktivität der Investition, aber noch mehr von der Erlösfähigkeit der damit hergestellten Produkte abhängig. Sie erst ermöglicht den zur Rückzahlung erforderlichen cash-flow.

Aus dem laufenden Konto hingegen, auf welchem sich ein großer Teil der betrieblichen Zahlungen niederschlägt, ist ohnehin das finanzwirtschaftliche Gebaren des Kreditnehmers ersichtlich. Ob dies immer ausreicht, die Risikointensität zu erkennen, ist von Fall zu Fall unterschiedlich.

Der Forderungssaldo des Bilanzstichtages aber, und dies sollten wir uns immer wieder vor Augen führen, ist in aller Regel in beiden Fällen eine atypische Zufallsgröße, soweit es den Wertefluß des Kunden betrifft.

2. Risikomanagement

Man kommt deshalb nicht umhin, notleidende Kredite durch ein kontinuierliches Risikomanagement transparent zu machen. Eine Vielzahl von Kriterien ist dabei zu beachten. Folgende mögen etwa als Beispiel dienen: Managementbeurteilung, Kapitalausstattung, Reserven, Auftrags- und Umsatzentwicklung, Branchenvergleich und Konkurrenzbeobachtung, Rechnungswesen, Unternehmensplanung, Rationalisierungspotential, Sicherheitenbeurteilung.

Bevor man also zur Bewertung spezifischer Kreditrisiken kommt, ist mit geeigneter Meßlatte dafür Sorge zu tragen, daß aller Voraussicht nach notleidende Kredite rechtzeitig und in ihrem ganzen Ausmaß erkannt werden. Die organisatorische Bewältigung dieser Kreditüberwachung variiert von Bank zu Bank. Bewährt hat sich neuerdings die Trennung von Akquisition und Betreuung einerseits und Kontrolle andererseits. Beide Funktionen waren und sind noch häufig in <u>einer</u> Kreditabteilung, in <u>einem</u> Kreditsekretariat vereinigt. Das funktionale Vieraugenprinzip jedoch, wie es z.B. in einem Nebeneinander von Firmenkunden- und Kredit(Kontroll-)abteilung zum Ausdruck kommt, erscheint mir zweckentsprechender.

3. Das Problem Länderrisiko

Anders verhält es sich mit dem Phänomen Länderrisiko. Diese Risikodimension sprengt bisherige Vorstellungen und Maßnahmen der Bewertung. Sie entsteht durch den autonomen Akt des Transferstop eines Landes. Sie ist losgelöst von der Bonität der Einzelschuldner. Deren Schulden vereinigen sich zu einem einheitlichen Bündel, sobald Zins- und/oder Rückzahlungsverpflichtungen von hoher Hand unterbrochen werden.

Länderrisiko bedeutet mithin den Versuch, die Zahlungsfähigkeit eines ganzen Landes in fremder Währung, heute in der Regel in Dollar, zu beurteilen. Es gilt, seine Bevölkerung einzuschätzen, seine politische Couleur, seine wirtschaftliche Elastizität und Belastbarkeit, seine wirtschaftspolitische Führung und ihre Kompetenz.

Für die Vorbereitung derartiger Bewertungsvorgänge haben die Banken verschiedene Spielformen des Länderrating entwickelt, dem z.B. in unserem Institut die Qualifizierung von 7 Hauptkriterien zugrunde liegt (Schuldendienstbelastung, Nettokreditbedarf, Währungsreserven, wirtschaftspolitischer Spielraum, Exportaussichten, politisches Risiko). Die sich hieraus ergebenden Risikogruppen wiederum bilden die Grundlage für die bankindividuelle Einschätzung von Länderlimiten. Sie werden risikobeschränkend angepaßt, sobald das Länderrating eine höhere Risikostufe anzeigt.

Die Bewertungsdimension "Länderrisiko" spannt sich gleichsam wie ein Schirm über das Bonitätsrisiko aller Einzelschuldner eines Landes.

III. Bewertung von Kreditrisiken

Wenn wir uns nunmehr der Bewertung von Kreditrisiken zuwenden, so sollten wir unterscheiden zwischen den üblichen Bewertungsmaßnahmen, den Wertvorstellungen und der bilanzmäßigen Auswirkung.

1. Bewertungsmaßnahmen

Im deutschen Handels- und Steuerrecht gilt das Prinzip der Einzelbewertung. Jede Forderung ist individuell zu bewerten. Für jedes einzelne Bewertungsobjekt ist das erkannte Risiko durch Wertabschlag zu erfassen, bei Eventualforderungen durch entsprechende Rückstellung.

Etwa dem in anderen Branchen üblichen Pauschaldelkredere entspricht bei den Banken das Bewertungsinstitut der Sammelwertberichtigung. Es ist eine über den einzelbewerteten Bestand hinausgehende Erfassung der (noch) nicht erkennbaren (latenten) Risiken. Sie wohnen nach der Erfahrung einem großen Forderungsbestand inne und werden mit normierten Abschlagsätzen bei den Krediten erfaßt, die nicht bereits einzeln bewertet wurden.

Beim Länderrisiko wird zumindest risikomäßig aus den bisherigen Einzelschuldnern des jeweiligen Landes der neue Einzelschuldner "Land". Diese Mutation, so logisch sie wirtschaftlich anmuten mag, bereitet als neue Bewertungsdimension, nicht zuletzt wegen ihrer Größenordnung, im deutschen Steuerrecht erhebliche Schwierigkeiten. So einprägsam uns auch neuere Ereignisse lehren, welches Risikoausmaß das Bewertungsobjekt Land im Austausch gegen bonitätsmäßig zumeist zweifelsfreie Einzelschuldner erreichen kann, werden überholte Vorstellungen vom sovereign risk und seiner Risikolosigkeit noch immer gern ins Feld geführt.

Diese Haltung der Finanzverwaltung war im übrigen Grund dafür, daß es in den letzten sechs Jahren nicht gelungen ist, Forderungen gegen ausländische Banken und Staaten in die Sammelwertberichtigung einzubeziehen. Eine von mir vor Jahren schon empfohlene aufsichtsrechtliche - und steuerlich natürlich zulässige - Auflage dieser Art hätte nicht nur Vorsorge bewirkt, sondern auch das Problembewußtsein geschärft.

2. Wertvorstellungen

Die Forderungsbewertung ist wie jede Schätzung ein höchst subjektiver Vorgang. Man sollte sich hüten, ihr künstlich den Mantel der Objektivierbarkeit umzuhängen.

Der gemeine Wert des Handelsrechts und der steuerliche Teilwert, wenn man von der betrieblichen Einbindung des letzteren absieht, dekken sich. Demnach ist bei dem Versuch einer zuverlässigen Wertfindung für Kredite die Frage entscheidend, was ein Dritter für eine notleidende Forderung zu zahlen bereit wäre. Im Bankgeschäft ist diese Wertvorstellung durchaus nicht unüblich und identisch mit derjenigen beim Forderungsankauf à forfait, d.h. also mit Risikofreizeichnung für den Verkäufer.

Es liegt in der Natur dieser Art Werteinschätzung, daß der Bilanzansatz auch bei gleichbleibender Forderungshöhe mit veränderter Realisierungsvorstellung von Jahr zu Jahr schwanken kann.

Derartige Wertvorstellungen sind auch für die Einzelbewertung "Länderrisiko" maßgebend. An die Stelle der Bewertung der Bonität von Einzelschuldnern treten das jeweilige Land betreffende Bewertungskriterien, wie etwa Verfahren und Dauer der Umschuldung, Verschuldungsgrad, Schuldnermanagement, Einschaltung des Internationalen Währungsfonds, Energien und Rohstoffe, politisches Durchsetzungsvermögen. Sie dienen der tabellarischen Erfassung von Äquivalenzziffern, die in ihrer Summierung eine systematische Festsetzung der Bewertungsabschläge ermöglichen sollen, also gedanklich der à forfait-Einbuße.

Aufschlußreich ist in diesem Zusammenhang die kürzliche Feststellung des Hessischen Finanzgerichtes, der ich mich voll anschließe: "Umschuldung eines zahlungsgestörten Landes bedeutet noch nicht die Beseitigung der Zahlungsunfähigkeit".

3. Bilanzausweis

Die im Bilanzformblatt vorgesehene Passivposition Wertberichtigungen wird i.d.R. nicht benutzt oder allenfalls für den Ausweis der Sammelwertberichtigung. Vielmehr ist es üblich, die ermittelten Wertberichtigungen mit ihren dagegenstehenden Forderungen zu kompensieren. So erscheint das Forderungsvolumen in der Bilanz um die Summe aller gebildeten Wertberichtigungen vermindert. Eine endgültige Abschreibung, d.h. die endgültige Ausbuchung der Forderung, berührt die Gewinn- und Verlust-Rechnung nicht mehr.

Vorsorgen für hinausgelegte Avale, Akkreditive oder andere Gewährleistungen wie auch für rediskontierte Wechsel werden als Rückstellungen ausgewiesen.

Dieselbe Ausweispraxis gilt bei den Länderrisiken. Zwar unterliegt das Forderungsbündel "Land X" einer einheitlichen Bewertung. Die gleichhohen Abschläge werden jedoch anschließend den Einzelschuldnern zugeordnet, die unverändert in den Büchern stehen.

In der Gewinn- und Verlust-Rechnung können, wie Sie sicher wissen, alle bewerteten Kreditrisiken nach § 4 der Formblattverordnung mit aufgelösten Wertberichtigungen und Effektengewinnen kompensiert werden. Sie sind insoweit nur per Saldo sichtbar.

Die heutige Veranstaltung ist nicht dafür geeignet, auf die technischen Details der Bewertung von Kreditrisiken einzugehen. Sie sind in der Praxis vielfältiger, als sich ein Außenstehender vorzustellen vermag. Ich erwähne beispielhaft nur den gesonderten, jedoch hiermit eng verbundenen Problemkomplex der Sicherheitenbewertung. Meine Aufgabe lag vielmehr darin, die kardinalen Probleme des Themas aufzuzeigen. Ich schließe diesen Versuch in der Hoffnung, die Beiträge der nachfolgenden Diskussion ausreichend angeregt zu haben.

Möglichst sicherer Einblick versus true and fair view

Von DR. EBERHARD SPIETH

0. Gesamtüberblick und Problemstellung

Das Thema:

"Möglichst sicherer Einblick versus true and fair view"

umschließt die beiden bilanz-"philosophischen" Strömungen, die es im Rahmen der Integration der gesellschaftsrechtlichen Vorschriften der einzelnen Mitgliedsstaaten zu koordinieren gilt. Erwarten Sie bitte nicht von mir, daß ich Ihnen in diesem Philosophienstreit einen Sieger und einen Unterlegenen präsentiere. Ich sehe meine Aufgabe darin, Ihnen die Entwicklungstendenzen beider Strömungen aufzuzeigen und Ihnen die vorherrschende Meinung in Deutschland zu diesem Fragenkomplex darzustellen.

Die Angleichung der gesellschaftsrechtlichen Vorschriften und insbesondere der bilanzrechtlichen Vorschriften erweist sich als ein langwieriger Prozeß, insbesondere deshalb, weil die Mitgliedsstaaten zu Konzessionen nur ungern bereit sind - wie auch die Gipfeltreffen der Regierungschefs in jüngster Zeit gezeigt haben. Bei all diesen Fragen bitte ich eines zu bedenken, Europa wurde und wird nicht an einem Tag gemacht!

Das Thema "Möglichst sicherer Einblick versus true and fair view" ist für alle diejenigen, die sich mit Bilanzen befassen, gleichermaßen von Interesse. Dem Bilanztheoretiker stellt sich die Frage, ob zu der Dynamischen und Statischen Bilanztheorie und deren Varianten eine neue Theorie hinzutritt. Dem Praktiker - und hierunter verstehe ich die bilanzierenden Unternehmen auf der einen Seite und den Wirtschaftsprüfer auf der anderen Seite - stellt sich die Frage, ob die Jahresabschlußziele und -aufgaben künftig abweichend von dem bisherigen Verständnis formuliert werden.

In wenigen Sätzen sei auf die historische Entwicklung des europäischen Bilanzrechts eingegangen. Seit dem Abschluß des EWG-Vertrages von Rom im Jahre 1957 sind bis zur Verabschiedung der 4. EG-Richtlinie, d.h. also der EG-Bilanzrichtlinie, 21 Jahre vergangen. Dieser lange Zeitraum ist unter anderem darauf zurückzuführen, daß der Kreis der Mitgliedsstaaten sich erweitert hat und insbesondere aber darauf, daß die Verabschiedung der Europäischen Richtlinien regelmäßig einstimmig zu erfolgen hat, so daß ihr Zustandekommen vom Zugeständnis weitgehender Kompromisse aller beteiligter Staaten abhängt.

Die Transformation der EG-Bilanzrichtlinie in nationales Recht wurde zuerst von Dänemark und Großbritannien im Jahre 1981 durchgeführt, gefolgt von Frankreich und den Niederlanden im Jahre 1983. In Deutschland existiert (nach dem Regierungswechsel) ein erneuter Regierungsentwurf vom 26.8.1983, der z.Zt. von dem Rechtsausschuß bzw. dessen Unterausschuß beraten wird.

Wegen der speziellen Struktur und den besonderen Risiken sowie der Bedeutung des Bank- und Versicherungsgeschäfts sind diese Unternehmen zunächst von der Anwendung der Vorschriften der 4. EG-Richtlinie ausgenommen. Die Vorschriften über die Jahresabschlüsse von Banken und anderen Finanzinstituten werden in einer speziellen Richtlinie geregelt. Am 19.3.1981 ist dem EG-Ministerrat ein Vorschlag der EG-Kommission für eine entsprechende "Bankbilanzrichtlinie" vorgelegt worden.

Dieser Vorschlag ist vom Europäischen Parlament am 6.7.1983 nach einigen Abänderungen beschlossen worden.

Über den eben genannten Vorschlag der EG-Kommission für eine Bankbilanzrichtlinie hat bisher bei uns in der Bundesrepublik nur eine Anhörung im Bundesjustizministerium stattgefunden; es wird nächstens eine weitere geben. Auf diesen Richtlinienvorschlag komme ich im letzten Teil meines Vortrags zu sprechen.

Dieser kurze historische Überblick mag genügen - wenden wir uns jetzt dem Problem zu:

Die Verabschiedung der 4. Richtlinie und ihre Umsetzung in den Entwurf des Bilanzrichtlinie-Gesetzes in Deutschland haben einen Gesichtspunkt in den Mittelpunkt der Diskussion gerückt, von dem einige meinen, daß er "eine revolutionäre Neuerung" für das deutsche Bilanzrecht darstellt. Es wird von "Umdenken im Grundsätzlichen" gesprochen, weil nach der EG-Bilanzrichtlinie der Jahresabschluß "ein den tatsächlichen Verhältnissen entsprechendes Bild der Vermögens-, Finanz- und Ertragslage der Gesellschaft zu vermitteln" hat - eine Regelung, die im englischen Text der Richtlinie die Wiedergabe eines "true and fair view" fordert.

Demgegenüber lautet die Generalnorm des § 149 des geltenden deutschen Aktienrechts, daß der Jahresabschluß "im Rahmen der Bewertungsvorschriften einen möglichst sicheren Einblick in die Vermögens- und Ertragslage der Gesellschaft geben" muß.

Da die Richtlinie bei aller behaupteter Anlehnung an aktienrechtliche Rechnungslegungsvorschriften - so jedenfalls die Begründung zum Vorentwurf eines Bilanzrichtlinie-Gesetzes - weitgehend auch internationale Bilanzierungsgrundsätze berücksichtigt und spätestens seit dem Beitritt Großbritanniens insbesondere das Rechnungslegungsprinzip des "true and fair view" verstärkte Bedeutung erlangt hat, könnten sich in der Tat erhebliche Auswirkungen für das künftige deutsche Bilanzrecht ergeben und deshalb würde man es sich sicherlich unter Bezugnahme auf die angeführte Begründung zum Vorentwurf allzu einfach mit der bloßen Behauptung machen, gegenüber der geltenden Rechtslage nach § 149 Abs. 1 AktG, der den "möglichst sicheren Einblick" und diesen wiederum nur im Rahmen der Bewertungsvorschriften fordert, habe sich durch die neue Generalnorm nichts geändert.

Die divergierenden Betrachtungsweisen stammen daraus, daß die einzelnen Mitgliedsstaaten die Grundforderung, wonach der Jahresabschluß einen "true and fair view" gewährleisten muß, also den Grundsatz der Jahresabschlußwahrheit, unterschiedlich beurteilen; jeder verbindet damit seine "Ideologie". Um aus diesem Dilemma herauszukommen, muß auf die EG-Richtlinie zurückgegriffen werden; sie ist sowohl dem Text als auch dem Geist nach zu interpretieren.

Aber nicht nur für die betroffenen Unternehmen, sondern auch für deren Wirtschaftsprüfer stellt sich das Problem, zu beurteilen, welche Interpretation des ideologisch beeinflußten Begriffs dem Ziel der Richtlinie und dem Zweck des Jahresabschlusses zugleich am besten gerecht wird. Denn nicht nur die bilanzierenden Unternehmen sind der Generalnorm unterworfen, auch der Wirtschaftsprüfer wird über die vorgesehene Änderung des Wortlauts des "Bestätigungsvermerks" in die Pflicht genommen: Die bisherige Bestimmung des § 167 Abs. 1 AktG, wonach zu bestätigen ist, daß die Buchführung, der Jahresabschluß und der Geschäftsbericht nach pflichtmäßiger Prüfung Gesetz und Satzung entsprechen, soll gestrichen werden und rechtsformübergreifend durch § 280 HGB-Entwurf ersetzt werden. Danach hat der Abschlußprüfer, falls keine Einwendungen zu erheben sind, künftig u. a. zu bestätigen, daß der Jahresabschluß, der künftig aus Bilanz, Gewinn- und Verlustrechnung und Anhang besteht, "unter Beachtung der Grundsätze ordnungsmäßiger Buchführung ein den tatsächlichen Verhältnissen entsprechendes Bild der Vermögens-, Finanz- und Ertragslage des Unternehmens" vermittelt.

Gegenüber dem bisherigen Inhalt deutet dies auf eine Ausweitung der Aussage des Bestätigungsvermerks hin. Insbesondere von der Öffentlichkeit wird an einen solchen Bestätigungsvermerk eine entsprechende Erwartungshaltung geknüpft werden. Mithin ist auch für den Wirtschaftsprüfer von entscheidender Bedeutung, ob und wie die Ausübung bestehender Bilanzierungswahlrechte, die ganz zwangsläufig zur Bildung, Auflösung oder Beibehaltung stiller Reserven führt, mit dem "true and fair view" in Übereinstimmung gebracht werden kann.

Und: Die Bildung und Auflösung stiller Reserven, die bisher im Rahmen des § 26a KWG für Kreditinstitute zulässig ist, steht unter der neuen Generalnorm des "true and fair view" erneut auf dem Prüfstand.

I. Unterschiedliche Auffassungen über den Jahresabschluß-Inhalt nach angelsächsischem und deutschem Rechnungslegungsverständnis

Ich befasse mich nun mit den unterschiedlichen Auffassungen über den Inhalt des Jahresabschlusses nach angelsächsischem und deutschem Rechnungslegungsverständnis; danach werde ich auf die Entwicklung des Wortlauts der Generalnorm des Jahresabschlusses der 4. Richtlinie und seine Umsetzung in den Bilanzrichtlinie-Gesetzentwurf in Deutschland eingehen.

1. Zum Rechnungslegungsprinzip "true and fair view" nach angelsächsischem Verständnis

Der Begriff geht auf eine mehr als hundertjährige Entwicklungsgeschichte englischer Rechnungslegung zurück und ist erstmals im

"Companies Act 1948" explizit sowohl für die Bilanz als auch für die Gewinn- und Verlustrechnung enthalten.

Für die Einschätzung der Bedeutung dieser Generalklausel und für ihre Interpretation ist wesentlich, daß bislang im englischen Recht im Gegensatz zum deutschen Recht und zur EG-Richtlinie neben der Generalnorm nahezu keine jahresabschlußbezogenen Einzelvorschriften existieren, durch welche Bilanzierung, Bewertung und Gliederung geregelt würden. Vielmehr hatte der englische Abschlußprüfer jeweils nach Lage des Einzelfalls zu entscheiden, ob nach seinem subjektiven Urteil der vorgelegte Jahresabschluß einen "true and fair view" vermittelt oder nicht.

Zwar bestanden neben einigen gesetzlichen Pflichtangaben auch gewisse Konventionen über anzuwendende Bilanzierungs- und Bewertungsregeln, aber die Gesetzesforderung nach einem "true and fair view" stand grundsätzlich über diesen einzelnen sogenannten "Standards". Darin kommt ein absoluter Vorrang der Generalnorm für die britische Rechnungslegung zum Ausdruck.

Trotz der allgemein anerkannten Bedeutung dieser übergeordneten Norm existiert keine umfassende Definition des Begriffs, so daß ein verhältnismäßig weites Bedeutungsvolumen im Einzelfall für den "true and fair view" und seine Auslegung durch den englischen Richter besteht.

Wenn auch im Gesetz nicht - wie bei uns entsprechend - auf "generally accepted accounting principles" Bezug genommen wird, hat aber doch eine Entwicklung in Richtung auf zu beachtende "accounting standards" eingesetzt, Standards, über die sich auch ein britischer Richter nicht ohne weiteres hinwegsetzen kann und denen damit doch eine gewisse Rechtsnormqualität zukommt. Werfen wir nun einen Blick auf die Ausformung dieser "accounting standards".

Generell läßt sich sagen, daß von den Gerichten in Einzelfallentscheidungen unter Anhörung von Sachverständigen festgestellt wird, was unter "true and fair view" zu verstehen ist.

Wissenschaft und englischer Berufsstand der Wirtschaftsprüfer haben unter dem Aspekt einer Begriffsbestimmung zahlreiche Gesichtspunkte des "true and fair view" diskutiert; aber auch ihnen ist es bisher nicht gelungen, sich auf einen allgemein anerkannten Begriffsinhalt zu einigen. Einverständnis scheint lediglich darin zu bestehen, daß der "true and fair view" aus dem Blickwinkel der Adressaten der Rechnungslegung zu verstehen ist, also nicht aus der Sicht der Geschäftsleitung oder des Prüfers, da die Rechnungslegung der Information dieser Adressaten dient. Allgemein wird auch anerkannt, daß dem Bestandteil "fair" größeres Gewicht zukommt, als dem Bestandteil "true".

Hieraus wird gefolgert, daß sich in dem Begriff "fair" mehr oder weniger unsere in den GoB enthaltene wirtschaftliche Betrachtungsweise niederschlägt, während der Begriff "true" für die Übereinstimmung mit der Wirklichkeit steht.[1)]

Zu erwähnen ist auch die Mitwirkung der englischen Accountants, die über die Erarbeitung von Bilanzierungsregeln und die Ausarbeitung von Definitionen viel zur Konkretisierung der Generalnorm beigetragen haben. Nach deren Verständnis ist der britische Jahresabschluß in Übereinstimmung mit den allgemein anerkannten Grundsätzen (generally accepted accounting principles) aufzustellen.

Lassen Sie mich Ihnen abschließend zu diesem Punkt einen Definitionsversuch vortragen: Bei der Abschlußerstellung sind, soweit wie möglich, genaue Zahlen, ansonsten vernünftige Schätzungen zugrunde zu legen und so anzuordnen, daß sie innerhalb der Grenzen der derzeitigen Bilanzierungspraxis ein so objektives Bild wie möglich bieten, frei von der Absicht bewußten Vorurteils, der Verfälschung, der Manipulation oder der Unterdrückung wesentlicher Tatsachen.

Zurück aber zum Kontinent und zur Bedeutung der Grundsätze ordnungsmäßiger Buchführung (GoB) und des "möglichst sicheren Einblicks" (§ 149 Abs. 1 AktG) nach deutschem Rechnungslegungsverständnis.

2. Zur Bedeutung der Grundsätze ordnungsmäßiger Buchführung (GoB) und des "möglichst sicheren Einblicks" nach deutschem Rechnungslegungsverständnis

Die GoB sind kein geschriebenes Recht, sie sind Rechtsnormen, wenn nicht aus Gewohnheitsrecht, so doch kraft gesetzlicher Verweisung, da

1) Zur Erläuterung der Bedeutung des Begriffspaares wird vielfach ein illustratives Beispiel zitiert: Der Erste Offizier eines Schiffes war häufig betrunken. Der Kapitän trug jeweils in das Schiffsbuch ein: "Der Erste Offizier war heute betrunken." Eines Tages war der Erste Offizier einmal nüchtern, sah die Eintragungen und schrieb wütend in das Schiffsbuch: "Heute war der Kapitän nüchtern." Das ist zwar true - aber ist es auch fair?

§ 149 Abs. 1 AktG und § 38 Abs. 1 HGB ausdrücklich zu ihrer Beachtung verpflichten.

Bezüglich ihrer Ermittlung sind zwei Grundauffassungen zu unterscheiden: Zum einen wird eine empirische Ermittlungsmethode befürwortet, demnach sind die GoB aus der Übung und Auffassung der "ordentlichen und ehrenwerten Kaufleute" abzuleiten, und zum anderen wird verlangt, die GoB seien deduktiv, durch Nachdenken über die gesetzlichen Zwecke der Rechnungslegung zu ermitteln. Dabei tendiert die herrschende Meinung eher zu der zweiten Auffassung.

Im Verhältnis zu den GoB spricht man bezüglich der Forderung nach dem "möglichst sicheren Einblick" von einem "GoB der Bilanzwahrheit". Zur Tragweite dieser Generalklausel bestehen allerdings seit langem kontroverse Auffassungen. Der Streit entzündete sich insbesondere an der Auslegung der Worte "im Rahmen der Bewertungsvorschriften" - Bewertungsvorschriften, die einen erheblichen Ermessensspielraum für die Darstellung der Vermögens- und Ertragslage eröffnen können. Einerseits wird argumentiert, daß der vorhandene Ermessensspielraum "als gesetzlich gewollt" der Forderung nach dem möglichst sicheren Einblick unbedingt vorgehe, andererseits wird eine einschränkende Rolle des § 149 AktG für die Auslegung der Einzelvorschriften besonders herausgestellt.

In der Praxis der Rechnungslegung wird aus der Existenz der in den Einzelvorschriften kodifizierten Bilanzierungswahlrechte der Schluß gezogen, diese könnten im Interesse der unternehmerischen Bilanzpolitik uneingeschränkt genutzt werden, insbesondere da sie "lex specialis" darstellten und deshalb Vorrang hätten.

Nach der differenzierenden Auffassung von Kropff ist der vom Gesetz eingeräumte Ermessensspielraum aber - wie er sagt - "sachgerecht", nämlich nach dem Sinn und Zweck der einzelnen Bewertungsspielräume und unter gleichzeitiger Beachtung der Forderung nach dem "möglichst sicheren Einblick" auszuüben. Dabei werden Spielräume, die aus bilanzfremden Gründen (z.B. steuerlichen) zugelassen wurden,[2] durch die

---

2) z.B. die Abwertungswahlrechte nach §§ 154 Abs. 2 Satz 2, 155 Abs. 4 AktG (steuerlich), das Passivierungswahlrecht für Pensionsrückstellungen (sozialpolitisch), die "Bilanzierungshilfen", etwa § 153 Abs. 4 AktG (wirtschaftlich) und nicht zuletzt die Wahlrechte nach §§ 26a ff KWG (wirtschafts- und unternehmenspolitisch)

Generalnorm grundsätzlich nicht eingeengt; die Vorschrift greift erst ein, wenn der Spielraum zweckwidrig genutzt wird.

In der Regel wurden die allein auf handelsbilanzrechtlichen Gründen beruhenden Bilanzierungswahlrechte aber nicht geschaffen, um stille Bildung und stille Auflösung von Rücklagen zu ermöglichen, sondern sie sollen vielmehr:

(1) Spielraum für eine vorsichtige Bewertung eröffnen und

(2) den Unternehmen die Möglichkeit zu einer nach ihrer Ansicht zutreffenderen Darstellung ihrer Vermögens- und Ertragslage bieten.

Damit entscheidet der Bilanzierende innerhalb des vom Gesetzgeber gesteckten Rahmens selbst, ob bei der Wahl einer bestimmten Bilanzierungs- oder Bewertungsmethode mehr Gewicht auf die Darstellung der Vermögens- oder der Ertragslage gelegt werden soll. Die Generalklausel schränkt diesen vorhandenen Ermessensspielraum nur dort ein, wo eine bestimmte Bilanzierungsmethode nur deshalb gewählt wird, um den geforderten Einblick zu erschweren. Dabei muß eine gewisse Grauzone im Grenzbereich zwischen "Willkür" und "subjektiver Einschätzung" in Kauf genommen werden. Diese, den § 149 AktG in seiner Bedeutung relativierende Interpretation steht m.E. nicht im Widerspruch zum in Deutschland traditionellen Zweck der Handelsbilanz, der in einer objektivierten und vorsichtigen Vermögensermittlung zu sehen ist. Dem Objektivierungserfordernis und dem Vorsichts- und Vorsorgegedanken versucht das Aktiengesetz durch ein umfangreiches Normensystem gerecht zu werden. Soweit darüber hinaus im Hinblick auf die Vielzahl der Bilanzierungsfragen, die nicht eindeutig zu lösen und allgemeingültig zu beantworten sind, noch ein weiterer Regelungsbedarf besteht, liefert die Forderung nach dem "möglichst sicheren Einblick" zusammen mit den GoB einen ausreichenden Beurteilungsmaßstab, um willkürliche Rechnungslegung zu verhindern. Bestehende Lücken im gesetzlichen Normensystem werden dadurch geschlossen, daß die Darstellung einen zutreffenden Global-Einblick in die Vermögens- und Ertragslage ermöglichen soll; also nicht falsch, sondern im so verstandenen Sinn "wahr" ist.

Zusammenfassend ist zu diesem Punkt festzuhalten: Ohne eine gewisse Ermessensausübung gänzlich auszuschließen, hat die Notwendigkeit der Objektivierung im deutschen (Aktien-) Bilanzrecht zu einem Vorrang der Einzelnormen vor der Generalnorm und damit zu einer Relativierung des geforderten Einblicks geführt. Dies ist aber in erster Linie auf die Existenz eines umfassenden Systems gesetzlicher (Einzel-) Bilanzierungsvorschriften und der GoB als Folge des verfassungsrechtlich geschützten Rechtsstaatsprinzips zurückzuführen. Im deutschen Rechtssystem sind die Grundsätze der Normenklarheit und der Justiziabilität zu beachten. Der Grundsatz der Rechtsstaatlichkeit gebietet, daß neben der Einzelfallgerechtigkeit die Vorhersehbarkeit als Element der Rechtssicherheit zu wahren ist. Nur in diesem Punkt besteht ein wesentlicher Unterschied zum angelsächsischen Bilanzrecht, der aber nicht auf unterschiedliche Rechnungslegungszwecke, sondern auf das Zusammentreffen von Rechtssystemen des kontinentaleuropäischen Rechts mit denen des angelsächsischen "Common Law" zurückzuführen ist.

II. Zum Einfluß der neuen Generalnorm auf das künftige Bilanzrecht

Welchen Einfluß haben nun die divergierenden Strömungen des angelsächsischen und des kontinentaleuropäischen (deutschen) Bilanzverständnisses auf das künftige EG-Bilanzrecht? Die Beantwortung dieser Frage hängt entscheidend von der Interpretation und dem Rang der künftigen Generalnorm ab.

1. Entwicklung des Wortlauts der Generalnorm des Jahresabschlusses seit dem Harmonisierungsauftrag

Für die weitere Betrachtung scheint es mir nicht unwesentlich zu sein, Ihnen kurz die Entwicklungsgeschichte der Generalnorm vom Vorentwurf der EG-Richtlinie bis zum heutigen Regierungsentwurf aufzuzeigen (es werden jeweils nur Art. 2 Absätze 2 und 3 wiedergegeben):

- Vorentwurf 1968
  "Der Jahresabschluß ist klar und übersichtlich aufzustellen und muß im Rahmen der Bewertungs- und Gliederungsvorschriften einen möglichst sicheren Einblick in die Vermögens-, Finanz- und Ertragslage der Gesellschaft geben.
  Er hat den Grundsätzen ordnungsmäßiger und zuverlässiger Rechnungslegung zu entsprechen."
- Vorschlag 1971
  "Der Jahresabschluß hat den Grundsätzen ordnungsmäßiger Buchführung zu entsprechen.

Der Jahresabschluß ist klar und übersichtlich aufzustellen. Er hat im Rahmen der Bewertungs- und Gliederungsvorschriften einen möglichst sicheren Einblick in die Vermögens-, Finanz- und Ertragslage der Gesellschaft zu geben."

- Geänderter Vorschlag 1973
  "Der Jahresabschluß hat einen getreuen Einblick in die Vermögens-, Finanz- und Ertragslage der Gesellschaft zu geben.
  Der Jahresabschluß ist klar und übersichtlich aufzustellen. Er hat den Vorschriften dieser Richtlinie zu entsprechen."
- Vierte Richtlinie 1978
  "Der Jahresabschluß ist klar und übersichtlich aufzustellen; er muß dieser Richtlinie entsprechen.
  Der Jahresabschluß hat ein den tatsächlichen Verhältnissen entsprechendes Bild der Vermögens-, Finanz- und Ertragslage der Gesellschaft zu vermitteln."

Umgesetzt in den deutschen Entwurf des Bilanzrichtlinie-Gesetzes (§ 237 Abs. 2 HGB) lautet die Vorschrift dann: "Der Jahresabschluß ist klar und übersichtlich aufzustellen. Er hat unter Beachtung der Grundsätze ordnungsmäßiger Buchführung ein den tatsächlichen Verhältnissen entsprechendes Bild der Vermögens-, Finanz- und Ertragslage des Unternehmens zu vermitteln. ..."

Die Entstehungsgeschichte der Generalnorm zeigt, daß sich die Formulierungen einer solchen Generalnorm seit dem 1968 vorgelegten ursprünglichen Vorentwurf sehr gewandelt haben, obwohl die Einzelvorschriften in ihrem wesentlichen Inhalt nahezu unverändert beibehalten worden sind.

Es fällt auf, daß die Formulierungen "einen getreuen Einblick" bzw. "ein den tatsächlichen Verhältnissen entsprechendes Bild" eine Übersetzung des im übrigen seit dem Beitritt Großbritanniens im Jahre 1973 unveränderten englischen Ausdrucks "true and fair view" sind. Damit zeigt die Entwicklung zumindest einen unverkennbaren angelsächsischen Einfluß auf das beabsichtigte Verständnis vom Inhalt der Generalnorm.

Darüber hinaus wird der ständige Konflikt der Generalnorm mit den übrigen (Einzel-) Rechnungslegungsvorschriften deutlich und es zeigt sich auch, daß der ursprünglich beabsichtigte Rangvorbehalt - der in den Worten "im Rahmen der Bewertungs- und Gliederungsvorschriften" zum Ausdruck kam - zugunsten einer relativen Generalnorm in den späteren Fassungen aufgegeben wurde.

2. Die Generalnorm des Art. 2 der 4. Richtlinie und ihre Umsetzung

Wegen ihres Charakters einer Generalnorm gehört die Vorschrift, die wir eben besprachen, zu den wichtigsten Bestimmungen der Richtlinie, weil sich an ihr die gesamte Problematik der allgemeingültigen Festlegung eines Jahresabschlußzieles zeigt. Der deutsche Gesetzentwurf versucht, sich dieser Problematik etwas zu entziehen, indem er den Text der deutschen Übersetzung der EG-Richtlinie nahezu wörtlich unter Hinzufügung eines Hinweises auf die erforderliche Beachtung der GoB in den § 237 Abs. 2 HGB-Enwurf übernimmt. In der amtlichen Begründung zum Gesetzentwurf wird aber die Problematik offengelegt. Dort heißt es recht widerspruchsvoll, daß der Jahresabschluß nicht nur unter den Gesichtspunkten des Gläubiger- und Gesellschafterschutzes, sondern auch unter allgemeinen Gesichtspunkten "richtig" zu sein hat. Dies deutet auf eine gewollte Beschränkung subjektiver Einschätzungen bei der Beurteilung des für den Jahresabschluß geforderten Einblicks hin. Andererseits heißt es aber in der Begründung, daß sich für die Praxis, soweit § 149 AktG bisher im Einzelfall nicht zu großzügig angewendet wurde, keine grundsätzlichen Änderungen ergeben. Dies ist vor allem deshalb anzunehmen, weil der Anwendungsbereich der Generalnorm im Verhältnis zum geltenden Recht nicht verändert wird. Wie bisher ergeben sich Inhalt und Umfang des Jahresabschlusses in erster Linie aus den Einzelvorschriften des Gesetzes (und ggf. Verordnungen). Die Generalnorm ist deshalb nur heranzuziehen, wenn Zweifel bei der Auslegung und Anwendung einzelner Vorschriften entstehen oder Lücken in der gesetzlichen Regelung zu schließen sind.

3. Das künftige Verhältnis der Einzelbestimmungen zur Generalnorm des "true and fair view" und der Grundsatz der Jahresabschluß-Einheit

Wie verhalten sich nun die Einzelvorschriften und die Generalnorm zueinander?

Die einzelnen Vorschriften der Richtlinie und damit auch die Generalnorm sind in ihrem Gesamtzusammenhang zu sehen und haben nur in diesem Gesamtzusammenhang ihre spezielle Bedeutung. Auch das Verhältnis des "true and fair view" zu den Einzelbestimmungen ist von einer gegenseitigen Durchdringung gekennzeichnet. Dabei sind alle Einzelbestimmungen für sich systemgerecht zu interpretieren; die Einzelvorschriften dienen ihrerseits einzeln und in ihrer Gesamtheit dazu, den Inhalt des Jahresabschlusses sowie den Inhalt seiner jeweiligen Bestandteile und damit den geforderten und erreichbaren "true and fair view" zu konkretisieren. Bei diesem Vorgehen ist jedoch von entscheidender Bedeutung, daß der Jahresabschluß künftig - und das ist neu und wesentlich - aus einer "Einheit" aus Bilanz, Gewinn- und Verlustrechnung und Anhang besteht. Mithin haben diese drei Bestandteile des Jahresabschlusses insgesamt gesehen den Informationsanforderungen der Richtlinie zu entsprechen; sie müssen also nicht jeder für sich genommen ein "den tatsächlichen Verhältnissen entsprechendes Bild" gewähren.

Damit wird zugleich die Bedeutung der Generalnorm insoweit relativiert, als jeder der drei Bestandteile "im Rahmen seiner Funktion für den Jahresabschluß" zu dem gemeinsamen Ziel eines "true and fair view" beizutragen hat. Die Forderung nach einem möglichst sicheren Einblick "im Rahmen der Bewertungsvorschriften" ist also infolge des neuen Grundsatzes der Jahresabschluß-Einheit eigentlich entbehrlich geworden.

Seit langem wird das Bilanzrecht beherrscht von dem Konflikt zwischen "vorsichtigen" und "wahren" Bilanzverhältnissen. Eine "vorsichtige" Bilanzierung entspricht der primären (statischen) Vorsichts- und Vorsorgefunktion von Bilanzen, denn sie verstärkt die Ausschüttungssperrwirkung und verhindert, daß die Schuldendeckungsmöglichkeiten zu günstig beurteilt werden. Dabei bringen "vorsichtige" Bilanzansätze aber eine notwendige Einblicksbeschränkung in bezug auf die Ertragskraft des Unternehmens mit sich und beeinträchtigen insbesondere die Gesellschafterschutzfunktion. Damit diese Einblicksbeschränkungen unter Hinweis auf ein falsch verstandenes "allgemeines Vorsichtsprinzip" nicht die Grenze zur Willkür überschreiten können, war und ist die Einführung von Objektivierungsrestriktionen für die Bilanzierung unverzichtbar, weil die Bilanz neben ihrer primären Vorsichts- und Vorsorgefunktion eben auch die Grundlage für Ausschüttungen an die Anteilseigner bildet. Dieser Aspekt ist in der Vergangenheit aus bilanzpolitischen Gründen zum Teil etwas unterdrückt worden.

Durch die neue Generalnorm wird dies aber in Zukunft nicht mehr in demselben Maße möglich sein. Die Richtlinie berücksichtigt insoweit mit ihrem Grundsatz der Jahresabschluß-Einheit Überlegungen der neueren Bilanzlehre, nämlich für unterschiedliche (handelsrechtliche)

Rechnungslegungsaufgaben auch unterschiedliche Rechnungslegungsinstrumente einzusetzen.

In Zukunft haben die Jahresabschlüsse als Einheit ihrer drei Bestandteile eine umfassendere Informationsaufgabe zu erfüllen als bisher; auch der Jahresabschluß der Nicht-Aktiengesellschaften wird eine wesentlich über die reine Dokumentations- und Selbstinformationsfunktion hinausreichende Erweiterung seiner Aufgabenstellung erfahren.

Dies bedeutet jedoch keinesfalls eine Abkehr von der herkömmlichen Interpretation, da das handelsrechtliche Bilanzierungsnormensystem vom Gedanken der Vorsicht und Vorsorge beherrscht wird.

Auch unter dem Primat der neuen Generalnorm stellt der Grundsatz der Jahresabschluß-Einheit die Fortgeltung der traditionellen Sonderbehandlung der Bilanz klar. Ansatz- und Bewetungsvorschriften sind nach wie vor vom Vorsichtsgrundsatz bestimmt. Die Beibehaltung der bilanziellen Vorsicht trotz des künftig umfassenderen Jahresabschlußzwecks wird durch eine "Abkopplung" (Moxter) der Bilanz von den übrigen Jahresabschlußaufgaben erreicht und die bilanzielle Abbildung des Vermögens mit Hilfe des Anhangs in Richtung auf eine "den tatsächlichen Verhältnissen entsprechende Darstellung" korrigiert. Der Anhang ist insoweit ein wichtiges Pendant zu den Wahlrechten, die den offenlegungspflichtigen Unternehmen nach der Richtlinie verbleiben.

Die Bedeutung der neuen Generalnorm beschränkt sich zwar nicht mehr (wie die des § 149 AktG) nur auf eine Ausschaltung mißbräuchlicher Anwendung von Einzelvorschriften, sondern sie "wird zur Zielnorm" für den <u>gesamten</u> künftigen Jaresabschluß, aber auch sie tritt - zumindest soweit die Darstellung des Bilanzvermögens betroffen ist - rangmäßig hinter das System der Einzelbilanzierungsnormen zurück. Für die <u>Bilanz</u> ist nach wie vor nur entscheidend, daß durch eine Bilanzierung nach gleichbleibenden Grundsätzen, insbesondere bei der Ausübung von Wahlrechten, die Tendenz der Vermögensentwicklung zutreffend dargestellt wird und Mißbräuche verhindert werden. Mehr als die Forderung nach einer "adäquaten" Darstellung der Lage des Unternehmens beinhaltet aber auch der "true and fair view" nach angelsächsischem Verständnis nicht.

Ein allgemeiner Hinweis auf den angelsächsischen Auslegungsgrundsatz "substance over form" rechtfertigt jedenfalls auch nach dortigem Verständnis keine Abkehr von den allgemein anerkannten und seit der

Richtlinie auch in England spezifizierten "accounting principles" für die Handelsbilanz.

Zusammenfassend ist deshalb festzuhalten: Die bisher in der Praxis relativ stiefmütterlich behandelte Vorschrift des § 149 AktG (möglichst sicherer Einblick) wird durch eine Generalnorm ersetzt, welche die Ziele des Jahresabschlusses mit oberster Priorität festlegt. In der Aufnahme einer solchen übergeordneten Generalnorm in die Rechnungslegungsvorschriften liegt die wesentliche Änderung für das deutsche Bilanzrecht; eine Generalnorm dieser Bedeutung war dem deutschen Recht bisher fremd. Dennoch darf die Vorschrift nicht für sich allein betrachtet werden, sondern muß im Sinnzusammenhang gesehen werden. Die Zielnorm und die Einzelvorschriften bestimmen sich gegenseitig.

Die Vorschrift beinhaltet die Forderung nach "Abschlußwahrheit" im weitesten Sinne. Zusammen mit dem Grundsatz der Jahresabschluß-Einheit bedeutet dies für die Darstellung der Vermögenslage in der Bilanz als einem Instrument einer objektivierten Schuldendeckungskontrolle jedoch keine Änderung gegenüber der derzeitigen Rechtslage. Grundlage der Bilanzerstellung bilden nach wie vor die Einzelvorschriften bzw. die GoB. Die mit einer solchen Darstellung des Bilanzvermögens verbundenen Einblicksbeschränkungen hingegen werden durch erweiterte Erläuterungspflichten im Anhang korrigiert, wenn nicht sogar kompensiert.

Von derartigen Erläuterungspflichten im Anhang dürfte allerdings auch eine gewisse Präventivwirkung gegen eine allzu "vorsichtige" oder allzu "optimistische" Bilanzvermögensdarstellung ausgehen. Damit wird sich die materielle Auswirkung der neuen Generalnorm in bezug auf die Handelsbilanz auf die Vermeidung rein bilanzpolitisch motivierter "Verzerrungen" beschränken, was so gesehen durchaus auch die Aussagefähigkeit der Bilanzen, nicht nur des Jahresabschlusses insgesamt verbessern wird.

Es kommt in Zukunft darauf an, mit Hilfe aller drei Jahresabschlußbestandteile den Informationsadressaten den zutreffenden Inalt des Jahresabschlusses zu vermitteln, der ihnen eine auf "fundierten Informationen" beruhende Beurteilung der Lage des Unternehmens gestattet - nicht mehr und nicht weniger -.

III. Einfluß der neuen Generalnorm auf die zukünftige Bilanzierung bei Kreditinstituten

1. Bilanzrichtlinie-Gesetz und Bankbilanzrichtlinie

Nach dem Konzept der EG-Kommission sollen die grundlegenden Bestimmungen der 4. EG-Richtlinie künftig auch für Kreditinstitute gelten.

Soweit jedoch die allgemeinen Rechnungslegungsvorschriften den branchenspezifischen Erfordernissen der Kreditinstitute nicht ausreichend Rechnung tragen, sollen die notwendigen Anpassungen in einer besonderen "Richtlinie zur Koordinierung der Jahresabschlüsse von Banken und anderen Finanzinstituten" geregelt werden. Nur soweit das Bilanzrichtlinie-Gesetz wegen der Besonderheiten des Bankgeschäfts nicht unmittelbar auf Kreditinstitute anwendbar ist, wird die Bankbilanzrichtlinie die Regelungen der 4. Richtlinie ergänzen und modifizieren. Bilanzrichtlinie und Bankbilanzrichtlinie bzw. deren Umsetzung in deutsches Recht bilden insofern eine Einheit.

In meinen weiteren Ausführungen beziehe ich mich grundsätzlich auf die Fassung der Bankbilanzrichtlinie, wie sie am 6.7.1983 vom Europäischen Parlament als Vorschlag beschlossen worden ist. Sie bedarf noch der Billigung durch die EG-Kommission und der Verabschiedung durch den EG-Ministerrat.

Vor wenigen Tagen hat nun die EG-Kommission einen geänderten Vorschlag der Bankbilanzrichtlinie (vom 8.4.1984) veröffentlicht. Die darin enthaltenen Änderungen sind im folgenden berücksichtigt.

Behandelt werden in den Richtlinienvorschlägen die besonderen Ausweis- und Gliederungsvorschriften für die Bilanz und die Gewinn- und Verlustrechnung der Finanzinstitute sowie bankenspezifische Bewertungsvorschriften.

Die allgemeinen Ansatz- und Bewertungsvorschriften (z.B. Ansatzpflicht für entgeltlich erworbene immaterielle Wirtschaftsgüter) gelten bereits ab Inkrafttreten des Bilanzrichtlinie-Gesetzes auch für Kreditinstitute. Alle bisherigen Sonderregelungen bleiben dagegen in Kraft und finden bis zur Umsetzung der Bankbilanzrichtlinie in nationales Recht unverändert Anwendung. Das betrifft insbesondere den § 26a KWG und die Formblattverordnung.

2. Ausweis- und Gliederungsvorschriften

Ich möchte zunächst einige wesentlich erscheinende Änderungen der Ausweis- und Gliederungsvorschriften gegenüber der geltenden Regelung kurz ansprechen.

Der "dreiteilige Jahresabschluß", bestehend aus Bilanz-, Gewinn- und Verlustrechnung und Anhang, wird zukünftig in unmittelbarer Anwendung des (allgemeinen) Bilanzrichtlinie-Gesetzes auch für Kreditinstitute gelten. Diese drei Teile sind auch hier als Einheit anzusehen und zu publizieren. Der Anhang tritt dabei an die Stelle des bisherigen Erläuterungsteils im Geschäftsbericht. Wenn dafür wesentlich mehr Angaben gefordert werden als bisher, so kommt darin deutlich der Einfluß der neuen Generalnorm zum Ausdruck, nämlich die Ausprägung des true and fair view.

Nach der in den meisten Mitgliedsstaaten üblichen Regelung sind die Aktiva und Passiva im Gliederungsschema nach dem Grad abnehmender Liquidität geordnet. Die einzelnen Posten der Bilanz entsprechen dabei zum großen Teil dem bisherigen Schema.

Für die Fristengliederung von Forderungen und Verbindlickeiten ist interessant, daß sie sich nach derzeitigem Stand der Richtlinie nach der Restlaufzeit am Bilanzstichtag bemißt und nicht - wie es bisher üblich war - nach der ursprünglich vereinbarten Laufzeit oder Kündigungsfrist. Daraus resultiert ein großer Umstellungsaufwand für die Banken. Es ist allerdings eine Übergangsfrist von fünf Jahren vorgesehen, innerhalb der die Mitgliedsstaaten noch eine Gliederung nach der ursprünglich vereinbarten Laufzeit zulassen oder vorschreiben können. Wenn jedoch ein Kreditinstitut im Fall unverbriefter Forderungen in ein bereits bestehendes Schuldverhältnis eintritt, hat das übernehmende Kreditinstitut die Forderung nach der Restlaufzeit ab dem Tag einzugruppieren, an dem es diese Forderung übernommen hat. Ferner ist eine tiefere Untergliederung der befristeten Forderungen und Verbindlichkeiten im Anhang vorgesehen. In diesem Zusammenhang ist nicht ganz uninteressant, daß die EG-Kommission für eine Gliederung nach Ursprungslaufzeiten eingetreten ist, mit der Begründung, daß sich hiernach ein besserer Einblick ergeben würde. Das Europäische Parlament ist diesem Vorschlag jedoch nicht gefolgt, sondern hat die dargestellte Regelung eingeführt. Sie sehen, der Kampf um "true and fair view" tobt auch zwischen den Gremien.

Bei der Gewinn- und Verlustrechnung ist wie bisher wahlweise die vertikale oder die horizontale Form zugelassen. Einige Ausweisänderungen sind jedoch von herausragender Bedeutung. Es sind abweichend von dem bisherigen deutschen Formblatt zunächst jeweils gesondert auszuweisen:

- Aufwendungen für Wertberichtigungen zu Forderungen an Kreditinstitute und Kunden sowie Rückstellungen für Gewährleistungen im Kreditgeschäft mit Kreditinstituten und Kunden (Posten Nr. 4 der horizontalen Gliederung).
- Erträge aus der Höherbewertung von Forderungen an Kreditinstitute und Kunden sowie der Auflösung von Rückstellungen für Gewährleistungen im Kreditgeschäft mit Kreditinstituten und Kunden (Posten Nr. 4 der horizontalen Gliederung).
- Aufwendungen für Wertberichtigungen zu Wertpapieren, Beteiligungen und zu Anteilen an verbundenen Unternehmen (Posten Nr. 5 der horizontalen Gliederung).
- Erträge aus der Höherbewertung von Wertpapieren, Beteiligungen und Anteilen an verbundenen Unternehmen (Posten Nr. 5 der horizontalen Gliederung).

Die Erträge und Aufwendungen der Posten Nr. 4 dürfen gegeneinander aufgerechnet werden, so daß nur der Nettobetrag auszuweisen ist; desgleichen gilt dies für die Erträge und Aufwendungen der Posten Nr. 5.

Eine "Überkreuzkompensation", wie sie nach § 4 der Formblattverordnung gegenwärtig für deutsche Kreditinstitute erlaubt ist, soll dagegen nicht mehr möglich sein. Auch ist, anders als in § 4 der Formblattverordnung, die Erfassung und gegebenenfalls Kompensation von Verlusten und Gewinnen aus der Veräußerung von Wertpapieren (also Handelsgewinnen und -verlusten) in den genannten Posten nicht ausdrücklich vorgesehen. Dies alles zusammengenommen bedeutet eine erhebliche Einschränkung der bisherigen Kompensationsmöglichkeiten, worauf ich noch eingehen werde.

Die übrigen Formblattänderungen der Gewinn- und Verlustrechnung können vernachlässigt werden.

3. Bewertungsvorschriften

Die Bewertungsvorschriften der 4. Richtlinie sollen grundsätzlich auch für Kreditinstitute gelten. Danach findet generell das Niederstwertprinzip Anwendung. Gegenstände des Anlagevermögens sind grundsätzlich nur bei Vorliegen einer voraussichtlich dauernden Wertminderung zum Niederstwert zu bewerten. Ausgenommen sind Finanzanlagen, die auch dann zum Niederstwert angesetzt werden können, wenn nur mit einer vorübergehenden und nicht mit einer dauernden Wertminderung zu rechnen ist (Art. 35 Abs. 1c) aa) und bb) 4. RL). Die Niederstwertansätze sowohl beim Anlage- als auch beim Umlaufvermögen dürfen aber nicht beibehalten werden, wenn die für eine entsprechende Bewertung ursprünglich maßgebenden Gründe weggefallen sind (Wertaufholungsgebot vgl. Art. 35 Abs. 1c), Art. 39 Abs. 1d) 4. RL).

Soweit die 4. Richtlinie! Bei der Umsetzung in deutsches Recht ist etwas anders verfahren worden, vor allem wegen der Maßgeblichkeit der Handelsbilanz für die Steuerbilanz.

Die Bankbilanzrichtlinie sieht allerdings mit Rücksicht auf die besonderen Risiken dieses Geschäftszweigs für Kreditinstitute Ausnahmen von den allgemeinen Bewertungsregeln der 4. Richtlinie vor.

In einer Entschließung hat das Europäische Parlament bedauert, daß der Richtlinienvorschlag "die Möglichkeit der Bildung stiller Reserven beinhaltet, was den Interessen der Aktionäre und der Allgemeinheit" nicht diene, hat aber zugleich dem Vorschlag des Rechtsausschusses folgend die stille Reservenbildung ausgedehnt (insbesondere auf Wertpapiere). Aber letzte Woche kam der geänderte Vorschlag des Rates an die Kommission zur Veröffentlichung, worin der Vorschlag des Europäischen Parlaments wieder weggefallen ist.

So soll es nun nach Artikel 37 Abs. 1 der Bankbilanzrichtlinie gestattet sein, die Forderungen an Kreditinstitute und an Kunden mit einem niedrigeren Wert anzusetzen, als dies nach der allgemeinen Richtlinie (Bilanzrichtlinie-Gesetz) zulässig wäre, soweit dies im Hinblick auf die wegen der besonderen bankgeschäftlichen Risiken gebotenen Vorsicht erforderlich ist. Die Abweichung zwischen diesem niedrigeren Wert und dem nach der 4. Richtlinie zulässigen Wertansatz darf jedoch 5 Prozent nicht übersteigen, kann aber - entgegen dem Wertaufholungsgebot der 4. Richtlinie - solange beibehalten werden, bis das bilanzierende Kreditinstitut zur Verstetigung des Wertberichtigungsaufwands Zuschreibungen vorzunehmen wünscht (Art. 37 Abs. 2 Bankbilanzrichtlinie).

4. Stille Reserven bei Kreditinstituten unter dem Einfluß der Bilanzrichtlinie

Im Rahmen der Arbeiten der EG-Kommission haben die Bestimmungen des Kreditwesengesetzes und der Formblattverordnung über die Bildung und Auflösung von stillen Reserven in Bankbilanzen zu besonderen Erörterungen geführt. Diese Bestimmungen (vor allem § 26a KWG und § 4 der Formblattverordnung) beseitigen in Deutschland die Strenge der Bewertungsvorschriften des AktG für Kreditinstitute. Als Begründung werden hauptsächlich bankpolitische Gesichtspunkte angeführt, insbesondere, daß eingeschränkte oder fehlende Möglichkeiten der Bildung stiller Reserven eher zum Ausweis von Verlusten, zumindest aber zu stärker schwankenden Ergebnisausweisen führen müßten. Darin wird im Hinblick auf die hohe Vertrauenssensibilität der Banken in der Öffentlichkeit eine eindrucksvolle Gefahr für die Volkswirtschaft im allgemeinen und für einzelne Kreditinstitute im besonderen gesehen.

Trotz der im Kreditgewerbe verbreiteten Ansicht, stille Reserven seien für die Erhaltung des Vertrauens der Öffentlichkeit unverzichtbar, hat die Bankbilanzrichtlinie auch die Jahresabschlüsse der Kreditinstitute der Zielnorm des "true and fair view" unterstellt. Verständlicherweise haben die Verbände der Kreditwirtschaft auf eine Beibehaltung der Möglichkeiten zur stillen Risikovorsorge hingearbeitet, zumal man anläßlich einer besonderen Studie erkannt hat, daß in allen Mitgliedsstaaten in modifizierter Form derartige Möglichkeiten für Kreditinstitute bestehen.

Allerdings werden auch kritische Stimmen dahingehend geäußert, ob die Bestimmungen der Richtlinie nicht Anlaß geben könnten, das Instrument der stillen Risikovorsorge bei der Aufstellung des Jahresabschlusses in einem etwas anderen Licht zu sehen. Dabei wird oft auf einen möglicherweise notwendigen Umdenk-Prozeß in der Öffentlichkeit hingewiesen. Es wird zu bedenken gegeben, daß bilanzpolitische Maßnahmen, wie z.B. die sogenannte "Überkreuzkompensation" nicht nur einen "Verdeckungsschutz" der Bewegung stiller Reserven garantieren, sondern wie jede Einschränkung der Erfolgspublizität auch ihre Gefahren bergen.

Die Bilanzrichtlinie versucht offensichtlich eine Güterabwägung zwischen den berechtigten Interessen des Kreditgewerbes und den allgemein für schutzwürdig erachteten Interessen der Öffentlichkeit. Dabei ist der Schwerpunkt im Hinblick auf das "den tatsächlichen Verhältnissen entsprechende Bild der Vermögens-, Finanz- und Ertragslage" in Richtung auf eine Einschränkung der Möglichkeiten zur stillen Reservebildung verschoben worden. Aber auch in den Jahresabschlüssen der Kreditinstitute wird der "true and fair view" des Bilanzvermögens durch die Einzelbilanzierungsvorschriften - ergänzt durch bankenspezifische Sonderregelungen - konkretisiert.

Im Kreditgewerbe wird allerdings die Auffassung vertreten, daß die in der Bankbilanzrichtlinie vorgesehenen Regelungen noch keine befriedigende Lösung darstellen. Die quantitative Begrenzung (5 Prozent) der Reservenbildung und die Nicht-Einbeziehung der Handelsgewinne (bzw. -verluste) aus Wertpapieren in die Kompensationsmöglichkeiten in der Gewinn- und Verlustrechnung stellen eine Einschränkung gegenüber den bisherigen Möglichkeiten dar, die man unterschiedlich gewichten mag. Hinzu kommt aber, daß die in der Bilanz und in der Gewinn- und Verlustrechnung begrenzt zugelassene stille Bildung und Auflösung von Reserven durch Angaben im Anhang offenzulegen ist, was doch wohl der Zielsetzung des Richtlinienvorschlags eindeutig widersprechen dürfte. Insofern wird die nach derzeitigem Stand vorgesehene Regelung als unbefriedigend empfunden. Es wird deshalb vorgeschlagen, Kreditinstitute zumindest von den folgenden Bestimmungen der 4. Richtlinie auszunehmen.

- Artikel 31 Absatz 2 Satz 2:
  Angaben über Abweichungen von den allgemeinen Bewertungsgrundsätzen und deren Auswirkung auf die Vermögens-, Finanz- und Ertragslage
- Artikel 39 Absatz 1c) Satz 2:
  Gesonderter Ausweis ordentlicher Wertberichtigungen von Gegenständen des Umlaufvermögens
- Artikel 40 Absatz 2:
  Angabe des Unterschieds zum Tageswert bei einer Durchschnittsbewertung von Wertpapieren
- Artikel 42 Satz 2:
  Erläuterung sonstiger Rückstellungen
- Artikel 43 Absatz 1 Nr. 1:
  Angaben über die angewandten Bewertungsmethoden sowie die Methoden zur Berechnung der Wertberichtigungen.

Bei einer Anwendung dieser Bestimmungen auf Kreditinstitute haben die Vorschriften über Möglichkeiten stiller Reservenbildung keinen Sinn. Das wird Gegenstand der Anhörung im Justizministerium sein, die für Ende Mai 1984 zu erwarten ist. Ich selbst tendiere zur Beibehaltung einer nach geltendem Recht möglichen stillen Reservebildung oder besser gesagt zu stiller Risikovorsorge. Die Begründung hierfür ist bei der Neufassung der gesetzlichen Bestimmungen im Jahre 1965 eingehend diskutiert worden, sie gilt m. E. noch heute und hat an Überzeugungskraft nichts eingebüßt.

Es wurde von seiten des Kreditgewerbes hauptsächlich geltend gemacht, daß das Ziel der aktienrechtlichen Vorschriften, einen besseren Einblick in die Ertragslage der Gesellschaften zu vermitteln, bei Kreditinstituten aus zwei Gründen Bedenken begegne. Zunächst wiesen die Erträge der Kreditinstitute nicht nur von Jahr zu Jahr, sondern auch innerhalb von mehrjährigen Perioden besonders starke Schwankungen auf. Vor allem wirkten sich Konjunkturänderungen und Notenbankpolitik auf die Ertragslage der Banken sofort besonders stark aus.

Ferner seien Kreditinstitute besonders auf das Vertrauen ihrer Kundschaft angewiesen. Ein eventuell notwendiger Verlustausweis könne eine Art Lawinenwirkung im Kreditgewerbe haben.

Aus der Sicht der Bankabschlüsse der vergangenen Jahre wird m. E. die Notwendigkeit des Vorhandenseins stiller Reserven mit Blick auf die externen wirtschaftlichen Einflüsse eher noch unterstrichen. Es hat sich in den vergangenen Jahren gezeigt, wie stark gesamtwirtschaftliche Entwicklungen und die begleitenden bundesbankpolitischen Maßnahmen, die in der Regel das Zinsniveau weitgehend zu steuern vermögen, die Ertragssituation der Kreditinstitute tangieren können. Neben den Zinsänderungsrisiken, die dem Bankgeschäft notwendigerweise innewohnen, weil ohne jede Fristentransformation die Funktion des Kreditgewerbes weitgehend entfiele, ist z.B. auch an den nie völlig auszuschließenden Ausfall von Großengagements oder an die Berücksichtigung von Währungs- und von Länderrisiken zu denken. Wenn eine Bank von Gewicht aus einem der vorgenannten Gründe zu einem Verlustausweis gezwungen wäre, könnte sich ein daraus folgender Vertrauensschwund leicht auf andere Institute übertragen. Es muß deshalb ein bilanzpolitisches Instrumentarium vorhanden sein, solche Sonderfälle mit Hilfe von hierfür sukzessive aufgebauten inneren Reserven auffangen zu können oder in gewissen Dimensionen zu relativieren.

Dazu geeignet ist m. E. vor allem die bei uns bisher nach § 26a Abs. 1 KWG in Verbindung mit § 4 der Formblattverordnung zulässige Risikovorsorge, die - bei einer sicherlich gegebenen Einschränkung der Erfolgspublizität - keinesfalls eine willkürliche Dotation vorsieht, sondern sich im Rahmen "vernünftiger kaufmännischer Beurteilung" halten muß. Hinzu kommt die nach § 4 der Formblattverordnung mögliche "Überkreuzkompensation" sowie die Ausnahmeregelung in § 26a Abs. 2 KWG (Freistellung von den Angabepflichten nach § 160 Abs. 2 AktG im Geschäftsbericht), ohne die eine "stille" Dotierung oder Auflösung von Reserven nicht möglich ist. Dem Einwand einer Beeinträchtigung des Einblicks in die Ertragslage kann insoweit entgegengehalten werden, daß das sog. "Teilbetriebsergebnis" (d.h., das Ergebnis des laufenden Geschäfts) ungekürzt aus der veröffentlichten Gewinn- und Verlustrechnung abgeleitet werden kann und im übrigen von allen namhaften Aktienbanken in ihren Zwischenberichten publiziert wird. Und es sei abschließend noch daran erinnert, daß das KWG eine eigene "Bremse" bereithält, indem der Grundsatz I das Kreditvolumen auf das 18-fache der Eigenmittel begrenzt. Die Kreditinstitute <u>müssen</u> einfach offene Reserven legen, um ihren geschäftlichen Spielraum zu erhalten. Dies ist ebenfalls in den letzten Jahren in der Praxis ganz deutlich geworden. Und eben diese Grenze hat 1965 der Präsident des BAK als ein spürbares Gegenmittel gegen eine eventuell befürchtete zu hohe innere Reservenbildung ins Feld geführt. Ich meine, die Jahre seither haben ihm Recht gegeben.

Der Konzernabschluß als Spiegel der Konzernbilanzpolitik

Von MARTIN KOHLHAUSSEN

I. Einleitung

1. Ein Spötter hat einmal formuliert: Ein Konzern ist ein Unternehmen von einer Größe, die jede Pleite ausschließt. Wie falsch diese Bemerkung ist, zeigen uns aktuelle Gegenbeweise aus der Industrie. Richtig aber ist sicherlich, daß ein Verbund mehrerer Unternehmen des Produktions- oder Dienstleistungsbereichs innerhalb eines Konzerns die Chance zur Wahrnehmung zusätzlicher Geschäftschancen eröffnet und betriebswirtschaftliche Kalkulationsvorteile bringt. Dies gilt auch für Kreditinstitute. Temporäre Schwächen bei einzelnen Konzerngliedern lassen sich durch die Vielfalt der Aktivitäten "unter einem Dach" und dank ihrer geographischen Streuung kompensieren und machen den Gesamtkonzern zu einem schlagkräftigen Gebilde.

2. Lassen Sie mich deshalb, um die Terminologie des mir gestellten Themas zu benutzen, einen kurzen Blick in unseren eigenen Spiegel werfen, d.h. in die Konzernbilanz der Commerzbank-Gruppe. Wir sehen dann: Das Gewicht der Muttergesellschaft ist im Zeitverlauf wesentlich schwächer geworden zugunsten der übrigen Konzerngesellschaften. So fiel der Anteil der Commerzbank AG an der aggregierten Bilanzsumme von 73 % im Jahr 1971 ziemlich kontinuierlich auf zuletzt weniger als 60%. Der Vergleich mit dem Jahr 1971 ist bewußt gewählt, weil damals mit der erstmaligen Einbeziehung der Tochter in Luxemburg in den Konsolidierungskreis der Konzern ein Aussehen erhalten hat, wie es sich im Kern auch heute noch darstellt.

Eine nahezu parallele Entwicklung zeigt sich in der G+V-Rechnung, wo der Anteil der AG-Erträge im selben Zeitraum von 77% auf nunmehr 62%

gefallen ist. Vergleichbare Ergebnisse liefert eine mengen- und ertragsmäßige Analyse der Konzernbilanz anderer Großbanken.

3. Auch wenn der Blick in den Spiegel wegen etlicher Vorbehalte (aufgrund des vergrößerten Konsolidierungskreises, veränderter Wechselkurse bei der Umrechnung von Auslandsaktiva und -passiva und sonstiger Einflüsse) etwas getrübt wird, läßt sich dennoch konstatieren, daß beträchtliche Strukturverschiebungen innerhalb der Konzerne stattgefunden haben. Deshalb dürfte es sich lohnen, Ihnen in einem ersten Teil konkret anhand der Commerzbank Entstehung und Aufbau eines Bankkonzerns vorzuführen. Diese Entstehungsgeschichte ist weder das Produkt des Zufalls noch einer phantasielosen Gigantomanie, wie bisweilen die Vorwürfe lauten.

In Wirklichkeit ging und geht es einzig und allein um die gezielte Abrundung des Leistungsangebots unter Wahrung der sich gerade auf den internationalen Finanzmärkten bietenden Möglichkeiten. Dieses Wachstum zu Bankengruppen war eine organische Entwicklung.

Ich möchte deshalb etwas Motivforschung betreiben und der Frage nachgehen, warum wir gerade diese oder jene Tochter im In- und Ausland gegründet oder erworben haben bzw. welche Funktionen besser in eigener Regie über Niederlassungen ausgefüllt werden.

Während es sich bei dieser Fragestellung mehr um einen Rückblick handelt, soll sich der zweite Teil meiner Ausführungen vor allem mit der künftigen Geschäftspolitik als Folge der aus der Novellierung des Kreditwesengesetzes resultierenden Anpassungszwänge befassen.

4. Die Konzentration auf diese beiden Aspekte soll zeigen, daß Konzern-Bilanzpolitik nichts anderes ist als Konzern-Geschäftspolitik. Nicht die Gestaltung eines formalen Rechenwerkes steht im Vordergrund, sondern einzig und allein die Unternehmens-Philosophie und -Strategie. Anders ausgedrückt: geschäftspolitische Überlegungen und Entscheidungen sind die unabhängigen Determinanten; die bilanzmäßige Darstellung ist lediglich eine abhängige Größe. Vielleicht sollte das Thema meines Vortrags deshalb besser lauten: "Der Konzernabschluß als Spiegel der Konzern-Geschäftspolitik". In meinen Ausführungen werde ich jedenfalls hier die Schwerpunkte setzen.

Diese Politik ist primär orientiert an den vorhandenen Geschäfts- und Ertragsmöglichkeiten. Die Rahmenbedingungen, innerhalb derer die

Zielvorstellungen realisiert werden müssen, bilden einerseits die Märkte selbst, andererseits - und dies gilt für Kreditinstitute in stärkerem Maße als für sonstige Unternehmen - die gesetzlichen Bestimmungen. Neben den beiden wichtigen inländischen Gesetzeswerken - Kreditwesen- und Aktiengesetz - zählt hierzu auch die Vielzahl lokaler Bestimmungen in den Ländern mit eigener operativer Präsenz, die von den entsprechenden deutschen Normen deutlich abweichen können.

5. Die Notwendigkeit der Erstellung von Konzernabschlüssen hat sich schon im Laufe der 50er und frühen 60er Jahre mit der rasch wachsenden Zahl von Unternehmenszusammenschlüssen ergeben. Im Aktiengesetz von 1965 hat der Gesetzgeber deshalb erstmals den Versuch unternommen, die Vermögens- und Ertragslage von Konzernen transparent zu machen.

Vor allem im Rahmen von Kreditwürdigkeitsprüfungen kann ein Verbund-Unternehmen nicht isoliert betrachtet werden, vielmehr ist vorrangig die Situation des Gesamtkonzerns zu beurteilen. Wichtiges Informationsmittel hierzu ist der Konzernabschluß.

Der Konzern selbst ist ein Zuammenschluß rechtlich selbständiger Unternehmen unter einheitlicher Leitung. Sie sind kapitalmäßig, organisatorisch und in der Regel auch vertraglich miteinander verbunden. Entscheidendes Kriterium der Konzerndefinition nach § 18 AktG ist die Zusammenfassung unter einheitlicher Leitung.

Konsolidierungspflicht besteht vor allem für inländische Konzernunternehmen, die sich zu mehr als 50 % im Besitz des Konzerns befinden. Ein Wahlrecht kann geltend gemacht werden für Minderheitsbeteiligungen und ausländische Konzernunternehmen. Für Kreditinstitute treffen diese Kriterien in gleichem Umfang zu wie für Industriekonzerne.

So hat die Commerzbank bereits für 1967 erstmals einen Konzernabschluß vorgelegt, in den 1970 als seither wichtigster Zugang im Inland die Rheinische Hypothekenbank einbezogen wurde. Im Jahr darauf kam - wie erwähnt - die Tochtergesellschaft in Luxemburg hinzu. Wir haben also bereits frühzeitig Auslandstöchter in den Konsolidierungskreis einbezogen, obwohl dies nach den Buchstaben des Gesetzes nicht erforderlich war.

II. Etappen des Konzernaufbaus

A. Inlandsgesellschaften

1. Doch nun zur Frage des "Zusammenschmiedens" des Konzerns, der nach Wiedervereinigung der drei Nachfolgeinstitute zur Commerzbank im Jahre 1958 zunächst stark national ausgerichtet war - entsprechend den Bedürfnissen der rasch aufstrebenden Wirtschaft. Daneben gewann sehr bald die Hinwendung zum Mengengeschäft mit dem privaten Publikum an Bedeutung; die Aufnahme des Kleinkreditgeschäfts im Jahre 1959 durch die Großbanken war ein revolutionärer Schritt.

2. Zu einer wichtigen Säule im Allfinanz-Angebot, das beispielsweise die individuelle Anlageberatung und Vermögensverwaltung, die Förderung des Investmentgedankens sowie die intensive Einschaltung in die längerfristige Export- und Auslandsfinanzierung einschloß, wurde die Zusammenarbeit mit Spezialinstituten des langfristigen Kredits. Dies galt für die Geschäftskontakte mit der Industriekreditbank und insbesondere mit Instituten des Realkredits, an denen die Großbanken auch beteiligungsmäßig engagiert waren.

Auch dies war ein folgerichtiger Schritt. Obwohl die großen Kreditbanken das Universalinstitut schon in relativ umfassender Form verkörperten, fehlte ihnen doch ein entscheidendes Element: Im Gegensatz zu den Wettbewerbern im öffentlich-rechtlichen Sektor war ihnen nämlich die Mittelbeschaffung über Pfandbriefe und Kommunalobligationen grundsätzlich verschlossen. Als Refinanzierungsbasis diente nahezu ausschließlich das - überwiegend kürzerfristige - Einlagengeschäft. Eine längerfristige Kreditvergabe war damit nur in begrenztem Umfang - sowohl hinsichtlich der Beträge als auch der Fristen - möglich.

Durch Zusammenarbeit mit privaten Hypothekenbanken konnte man diese Angebotslücke zwar überbrücken, doch erwiesen sich die nur lockeren Bindungen auf die Dauer als unbefriedigend.

Überzeugt davon, daß die langfristige Finanzierung immer wichtiger wird, leiteten die Großbanken um die Jahreswende 1970/71 deshalb eine Konzentration des Hypothekenbank-Verbundes ein.

Im Zuge dieser als Flurbereinigung charakterisierten Neuordnung der Besitzverhältnisse wurde die Commerzbank Mehrheitsaktionär zweier traditionsreicher Hypothekenbanken, der Rheinischen Hypothekenbank in

Mannheim und der Westdeutschen Bodenkreditanstalt in Köln, die später fusioniert haben.

3. Diese sehr enge Kooperation sollte Vorteile für beide Seiten bringen. Die Hypothekenbank kann sich beim Absatz von Pfandbriefen und Kommunalobligationen auf die hohe Plazierungskraft der Mutter mit ihrem dichten Geschäftsstellennetz stützen; zugleich lassen sich beim Darlehensangebot deren weitgespannte Kundenbeziehungen nutzen. Andererseits kann die Geschäftsbank dank der Potenz der Hypothekenbank ihren Finanzierungsradius auf Fristen ausdehnen, die auf der Grundlage des Einlagengeschäfts nicht erreichbar sind.

Konkrete Formen der Zusammenarbeit waren vor allem einerseits die Wohnungs-Gesamtfinanzierung für den privaten Bauherrn sowie andererseits die Teilnahme an großen Kreditkonstruktionen wie Kraftwerksfinanzierungen.

Inzwischen erscheint eine Großbank ohne Hypothekenbank-Tochter undenkbar, zumal generell bei den Müttern eine Rückbesinnung von dem - in der zweiten Hälfte der 70er Jahre forsch betriebenen - langfristigen Kreditgeschäft zu kürzeren Fristen stattgefunden hat.

Aber, und darauf möchte ich schon an dieser Stelle prononciert hinweisen, den Hypothekenbanken blieb ihre Eigenständigkeit nicht nur rechtlich, sondern auch wirtschaftlich erhalten, obwohl sie nahezu völlig in den Besitz von Großaktionären übergegangen sind. Aktienrechtlich ist die Einflußnahme auf die Geschäftstätigkeit einer Tochtergesellschaft nur im Rahmen eines Beherrschungsvertrages möglich. Nach übereinstimmender Meinung ist ein solcher Vertrag bei Hypothekenbanken bislang aber als unzulässig angesehen worden und von der Bankenaufsicht mit der Begründung verboten, daß er eine Umgehung des Neugründungsverbots für gemischte Hypothekenbanken darstelle und gegen das Spezialprinzip des Hypothkenbankgesetzes verstoße. Selbst eine faktische Einflußnahme auf die Geschäftstätigkeit stehe nicht im Einklang mit HBG und Aktienrecht.

4. Das Engagement bei Spezialbanken für langfristige Finanzierungen war wichtigster Meilenstein für das Konzerngeschäft Inland. Drumherum hat sich im Laufe der Zeit - neuen Finanzierungstechniken und qualitativ höherwertigen Kundenanforderungen folgend - eine größere Zahl sonstiger verbundener Institute gruppiert. Besonders erwähnenswert sind

Leasing- und Factoring-Unternehmen, sowie Gesellschaften des Wertpapier-, Immobilien- und Investmentbereichs. Sie sind heute unverzichtbare Bausteine des wholesale banking.

B. Auslandsorganisation

1. Die Frage, ob die Kreditwirtschaft der forcierten Einschaltung der deutschen Industrie in den Welthandel mit eigenen operativen Niederlassungen ins Ausland folgen sollte, stellte sich erstmals eingangs der 60er Jahre. Zuvor waren Zahlungsverkehr und Kreditgeschäft mit dem Ausland fast ausschließlich auf den traditionellen Gleisen des Korrespondenzbank-Netzes abgewickelt worden, das nach dem Kriege allerdings auch erst mühsam wieder aufgebaut werden mußte. Es mangelte ja nicht nur an Kapital, sondern auch an know-how und internationalen Kontakten.

Damals, vor knapp einem Vierteljahrhundert, fiel die Entscheidung für operative Stützpunkte zunächst negativ aus: Internationale Finanzierungen und Geldmarktgeschäfte gewannen zwar - neben dem kommerziellen Auslandsgeschäft - mehr und mehr an Bedeutung, konnten aber zunächst noch von den Zentralen im Heimatland bewerkstelligt werden. Alles in allem wurde eine eher defensive Auslandspolitik verfolgt, insbesondere im Vergleich zur ausländischen Konkurrenz. Erst das Heranwachsen der Eurofinanzmärkte sowie das zunehmende Ansehen der deutschen Währung schufen seit Ende der 60er, Anfang der 70er Jahre günstige Voraussetzungen für eine aktive Tätigkeit im Ausland.

2. Die neue Auslandsstrategie spiegelte sich deutlich in den internationalen Initiativen der großen Filialbanken wider. In den letzten 15 Jahren entwickelten sie sich von Instituten, die im Auslandsgeschäft tätig waren, zu international operierenden Banken.

Auch die Commerzbank hat ihre internationalen Aktivitäten mehrgleisig geplant und durchgeführt: Einmal durch Aufbau eigener Repräsentanzen und Beteiligungen, sodann durch Töchter und Filialen.

3. Ein - aus damaliger Sicht - bedeutender Schritt war die Gründung der meist in London domizilierenden Konsortiumsbanken in den 60er Jahren, deren Entstehen nicht zufällig mit dem Aufschwung der Euromärkte zusammentraf. Für die Commerzbank war - zusammen mit vier wei-

teren Banken aus drei verschiedenen Ländern - die Beteiligung an der International Commercial Bank (ICB) die erste operative Betätigung im Ausland (1967). Etwas später wurden diese Gemeinschaftsgründungen noch intensiviert durch die Zusammenarbeit innerhalb der Europartners-Gruppe. In Europa ist vor allem zu erwähnen die Europartners Bank (Nederland) in Amsterdam (und Rotterdam), in Übersee die Europartners Securities Corporation in New York.

Alle großen deutschen Banken haben sich zu jener Zeit in solchen Gemeinschaftsgründungen engagiert, auch unter dem Aspekt, daß diese Form der Zusammenarbeit ein geeignetes Lernfeld war, ohne daß man ein zu hohes Lehrgeld riskierte. Tatsächlich erwiesen sie sich meist nur als eine Zwischenstufe; der Markt will wissen, wer in einer Bank das Sagen hat und damit für ihre Verbindlichkeiten geradesteht.

So sehr gerade die Londoner Konsortiumsbanken in den 60er Jahren das Bild des internationalen Bankgeschäfts bestimmt haben, so unbestreitbar ist ihre Blütezeit inzwischen vorbei. In diesem Punkt hat sich das Verhalten der Großbanken entscheidend verändert. Nachdem die Institute erst einmal den internationalen Kinderschuhen entwachsen und mündig geworden waren, bevorzugten sie das eigene Stützpunktnetz im Ausland, die eigene internationale Infrastruktur.

4. Folgenschwerste und wichtigste Auslandsinitiative war 1969 die Errichtung einer Tochtergesellchaft in Luxemburg. Basis ihrer Tätigkeit war von Anfang an der Euromarkt mit einer starken DM-Komponente. Auf beiden Seiten der Bilanz überwiegen die kürzeren Fristen. Daneben schaltet sich die Cisal in den Wertpapier- und Edelmetallhandel ein. Diese Gesellschaft war - gleiches gilt für die anderen 29 deutschen Banken, die heute in Luxemburg präsent sind - von Beginn an das Flaggschiff der Auslandsaktivitäten. Ihre Bilanzsumme bewegt sich inzwischen bei etwa 22 % der AG-Bilanz. Gesellschaftsrechtlich sind die deutschen Niederlassungen in Luxemburg zwar selbständige Aktiengesellschaften mit den entsprechenden Organen. Ihre wirtschaftliche Eigenständigkeit ist aber schwächer ausgeprägt als bei den Hypothekenbanken im Inland.

Die Motive für den Gang in unser Nachbarland waren vielfältig. Einen, das allmähliche Mündigwerden in der internationalen Bankenfamilie, habe ich bereits genannt. Ein zweiter, und dies darf im nachhinein offen ausgesprochen werden, war ein politischer Beweggrund. 1969 kam - nach 20 Jahren konservativ bestimmter Regierungen - zum erstenmal eine sozialdemokratische Regierung ans Ruder. Mangels Erfahrungen mußte man damals füchten, daß eine solche Regierung im Außenwirtschaftsverkehr möglicherweise sehr viel stärker reglementieren würde als die konservativen Regierungen zuvor.

Drittens gab es während der turbulenten Schlußphase des Bretton Woods-Festkurssystems und wegen des inflationsfördernden Geld- und Kapitalimports in die Bundesrepublik eine Vielzahl von Währungsreglementierungen. Wegen dieser Devisen-Importbeschränkungen konnten ausländische Notenbanken und andere Währungsbehörden ihre D-Mark-Reserven nicht bei Banken in der Bundesrepublik zinsbringend anlegen; hier lag also ein Geschäft, an dem die deutschen Kreditinstitute nicht teilnehmen konnten.

So wurde Luxemburg mit seiner liberalen Gesellschafts- und Bankenpolitik quasi zu einem Freihafen, in dem wir frei von nationalen Vorschriften mit einer Tochtergesellschaft operieren konnten.

Darüber hinaus bot dieser Platz "Bonbons" dank dem Fehlen von Mindestreserve-Vorschriften sowie aufgrund günstiger steuerlicher Regelungen.

Andererseits muß angesichts der heutigen Diskussion um die Beaufsichtigung von Bankkonzernen klar herausgestellt werden, daß Luxemburg kein rechtsfreier Raum ist. Auch sollte daran erinnert werden, daß der Weg nach Luxemburg in der Bundesbank wenigstens zeitweise mit einem Aufatmen registriert wurde, weil sich so die internationale Verwendung der D-Mark weitgehend außerhalb der Landesgrenzen, also "off-shore", halten ließ.

5. Wie die Luxemburger ist auch die Auslandstochter der Commerzbank in Singapur (gegründet 1979) in den Konzernabschluß einbezogen. Sie betätigt sich als Merchantbank vor allem auf dem Singapur-Dollar-Markt und schaltet sich in das rasch expandierende Finanzgeschäft im pazifischen Raum ein.

Schließlich haben wir - erstmals für 1982 - das Konsolidierungswahlrecht für unsere inzwischen 70 %ige Beteiligung an der Europartners Bank (Nederland) ausgeübt, da deren Geschäftspolitik maßgeblich von uns bestimmt wird.

6. Die Bilanzen der Auslandsfilialen sind - im Gegensatz zu den

Töchtern - ein Bestandteil der Rechnungslegung der Muttergesellschaft. Mit der ersten Auslandsfiliale taten wir 1971 den Sprung über den Atlantik: Als erstes deutsches Institut eröffnete die Commerzbank in New York eine Filiale. Sie hatte eine doppelte Aufgabe: zunächst einmal als Servicestation das normale Bankgeschäft mit den Muttergesellschaften amerikanischer Niederlassungen in Deutschland und mit deutschen Niederlassungen in Amerika zu betreiben. Hinzu kam aber eine zweite Aufgabe: In Luxemburg entwickelte sich mehr und mehr ein Geschäft, das nicht mehr primär auf D-Mark lautete, sondern immer mehr auch auf Dollar. Dieses dollar-nominierte Geschäft schloß eine Reihe von strukturellen Liquiditätsproblemen für die Bank ein, die gelöst werden mußten. Ich erwähne nur das Stichwort roll-over-Kredite, die im Rhythmus der Zinsanpassungen immer wieder neu das Liquiditätsproblem in fremder Währung, nämlich in Dollar, entstehen ließen. Was also lag näher, als mit einer eigenen Präsenz in das Heimatland des Dollar zu gehen, um dort ein Standing und eine originäre Plattform zu entwikkeln, von der aus man im Euro-Dollar-Markt mitwirken konnte?

7. 1973 nahm in London unsere zweite Auslandsfiliale ihre Tätigkeit auf. Dieser Platz bot sich nicht nur wegen des britischen Beitritts zur EG an, sondern vor allem wegen der Schlüsselfunktion der City auf den Eurofinanzmärkten. Daneben wünschten zahlreiche deutsche Industriefirmen, die sich in Großbritannien niedergelassen hatten, eine wirkungsvolle Betreuung durch ihre Hausbank.

Schließlich ließ sich durch die Präsenz in London in Form einer Niederlassung ein spezielles Problem einfach lösen: Es gibt Notenbanken, die aufgrund ihrer Statuten ihre Reserven nur bei großen internationalen Banken anlegen können, nicht aber bei deren Tochtergesellschaften. In Deutschland hätten wir diesem Wunsch aus devisenrechtlichen Gründen nicht entgegenkommen können. In London konnten wir das sehr wohl, denn für Geschäfte, die außerhalb der britischen Zahlungsbilanz stattfinden, hat London ein liberales Devisenrecht. So hatten wir die Alternative, unter zwei "Firmen" im Euromarkt zu arbeiten: als rechtlich selbständige Tochter in Luxemburg und als Filiale in London.

8. Überlegungen solcher Art zeigen, daß an Konzernen nicht willkürlich herumgebastelt wird, sondern daß die einzelnen Glieder nahtlos in ein Gesamtkonzept eingefügt werden müssen, wenn man sich der nationalen

und internationalen Konkurrenz stellen will. Dazu gehört für eine große Bank eine gewisse Mindestpräsenz im Ausland.

Konzern bedeutet aber andererseits nicht ewige Expansion in immer entlegenere Zonen dieser Erde oder in immer neue Geschäftssparten, die mit dem Bankgeschäft kaum noch etwas gemeinsam haben. So betrachtet die Commerzbank ihr internationales Stützpunktnetz mit jetzt 16 operativen Einheiten und 19 Repräsentanzen als weitgehend abgeschlossen, nachdem auch Kontinentaleuropa als Ziel der zweiten und Ost- bzw. Südostasien als Ziel der dritten Stoßrichtung mit eigenen Niederlassungen gut besetzt sind. Selbstverständlich schließt dies nicht aus, daß bei passender Gelegenheit noch das eine oder andere Mosaiksteinchen hinzukommt. Dies zeigt die jüngste Eröffnung eines Kreditbüros der Filiale Tokio in Osaka, das in erster Linie der dynamischen Entwicklung der dortigen Wirtschaftsregion Rechnung tragen soll.

III. Folgen der KWG-Novellierung für die Konzernpolitik

A. Allgemeines

1. Während die Frage der Gründung neuer In- oder Auslandstöchter in der Vergangenheit hauptsächlich mit geschäftspolitischen Zielsetzungen beantwortet worden ist, wird die künftige Struktur und Entwicklung von Bankkonzernen entscheidend von den neuen Vorschriften des Kreditwesengesetzes diktiert sein. Die vorgesehenen Gesetzesänderungen werden die Rahmenbedingungen für die deutsche Kreditwirtschaft, namentlich die im internationalen Geschäft führenden privaten Banken, fundamental verändern.

Wie in diesem Kreise bekannt, hat die Bundesregierung am 8. Februar den Entwurf für ein Drittes KWG-Änderungsgesetz beschlossen, das am 1. Januar 1985 in Kraft treten soll. Inzwischen ist allerdings der parlamentarische Zeitplan so eng geworden, daß evtl. erst der erste Juli 1985 in Frage kommt. Dies wäre dann allerdings der letzte Termin, nachdem sich die EG-Staaten mit der Richtlinie des Rates der EG vom 13. Juni 1983 verpflichtet haben, bis dahin die Beaufsichtigung der Kreditinstitute auf konsolidierter Basis einzuführen.

2. Ich kann hier nicht das Für und Wider des gesamten Reformpaketes

erörtern, zumal über mehrere entscheidende Punkte das letzte Wort noch nicht gesprochen scheint. Kernstück ist aber auf jeden Fall die Einführung eines bankaufsichtlichen Konsolidierungsverfahrens für den Gesamtkonzern durch Einfügen eines neuen § 10a. Danach werden Eigenkapital und Kredite von Mutter- und Tochterbanken einer einheitlichen Betrachtung und Bankenaufsicht in Bezug auf Grundsatz I des § 10 KWG (Begrenzung des Gesamtkreditvolumens) sowie in Bezug auf § 13 (Begrenzung der Großkredite) unterworfen.

In die Konsolidierung nach Grundsatz I sind alle Beteiligungen von 40 % und darüber an in- und ausländischen Instituten einzubeziehen. Anzuwenden ist dabei das Verfahren der sogenannten Quotenkonsolidierung.

Nach bisherigem Recht sind dagegen nur die in der Bundesrepublik domizilierenden Institute - allerdings einschließlich ihrer Auslandsfilialen - der deutschen Bankenaufsicht unterworfen, doch haben wir uns über ein Gentlemen's Agreement schon im Herbst 1981 bereiterklärt, freiwillig Detail-Meldungen über das Kreditengagement des Gesamtkonzerns auf konsolidierter Basis an das Aufsichtsamt zu geben.

3. Es geht also nicht, wie fälschlicherweise immer wieder zu hören, um die Aufstellung von internationalen Konzernbilanzen. Die meisten deutschen Banken tun dies - wie zu Beginn ausgeführt - auf freiwilliger Basis schon seit langer Zeit.

Bei der Neuregelung geht es vielmehr ausschließlich um die Anwendung des Grundsatzes I der deutschen Bankenaufsicht - nicht jedoch der Liquiditätsnormen II und III - auf den Konzern.

Bisher hatten die Institute die Möglichkeit, günstigere Ausnutzungs-Koeffizienten des Eigenkapitals an ausländischen Plätzen über Tochterinstitute zu nutzen. Sie haben hiervon Gebrauch gemacht. Dabei ist nicht zu bestreiten, daß das Tätigwerden über Tochterinstitute zu einer Doppelbelegung des Eigenkapitals führt bzw. - bei Betrachtung von der Aktivseite - zu sogenannten Kreditpyramiden, dem jetzigen Stein des Anstoßes.

So sind in Luxemburg fast doppelt so große Expansionsmöglichkeiten gegeben, da dort das 33fache des Eigenkapitals ausgeliehen werden kann, gegenüber dem 18fachen bei uns. Dies hat in den letzten Jahren - nicht zuletzt vor dem Hintergrund eines damals noch stürmisch wachsenden Euromarktes und der internationalen Verschuldungskrise - den Ruf nach gesetzlichen Restriktionen verstärkt, auch in anderen Ländern.

4. Um es klar zu sagen: Wir haben durchaus Verständnis für den Konsolidierungszwang, wenn dadurch der Gläubigerschutz des KWG verbessert werden kann. Insofern ist die Reform nicht nur "dirigistischer Firlefanz", wie einmal gesagt worden ist. Es ist eine "Konsolidierung aus Einsicht, wenn auch mit Schmerzen". Tatsache ist nun einmal, daß die größeren Möglichkeiten, die uns Luxemburg oder Singapur boten, dazu geführt haben, daß sich bei vielen Geschäftsbanken die Eigenkapital-Ausnutzung in konsolidierter Rechnung heute deutlich über dem 18fachen bewegt.

Im Commerzbank-Konzern (nicht Hypothekenbank) lag der Multiplikator Ende vergangenen Jahres über dem 21fachen, wie vor kurzem auf unserer Bilanz-Pressekonferenz mitgeteilt. Nun geht es um die Rückführung dieser Relationen auf jene engeren Kreditgrenzen, die seit langem für die AG gelten.

5. Entscheidend für die Anpassung ist die Übergangsfrist. Der Gesetzentwurf sieht hierfür 5 Jahre vor; allerdings muß in einem Zwischenschritt nach 3 Jahren - also bis Anfang 1988 - eine etwaige Überschreitung im konsolidierten Grundsatz I zu drei Fünfteln abgebaut sein.

Dieser Atmungsspielraum ist dringend erforderlich, zumal er im Zusammenhang mit weiteren belastenden Vorschriften gesehen werden muß: etwa die erhebliche Erweiterung des Katalogs der in § 12 KWG einzubeziehenden dauernden Anlagen, die Herabsetzung der Großkreditgrenze von 75% auf 50 %, die auf 40 % gedrückte Konsolidierungsschwelle und die - freilich noch umstrittene - Einbringung der Hypothekenbanken in die Grundsatz I-Konsolidierung.

6. Von all diesen Verschärfungen sind in erster Linie die privaten Kreditbanken betroffen. Ihr Anteil am Volumen der Kreditrückführung beträgt mehr als 75 % - bei einem Marktanteil von nur gut 20 %. Damit stellen sich im Zusammenhang mit der KWG-Änderung auch gravierende wettbewerbspolitische Konsequenzen. Der öffentlich-rechtliche Sparkassensektor und die Kreditgenossenschaften, die von der Konsolidierung praktisch überhaupt nicht betroffen sind, werden ihre ohnehin starke Stellung am Inlandsmarkt zu Lasten der Kreditbanken wohl weiter ausbauen können.

Selbstverständlich gibt eine Neuregelung nur Sinn, wenn sie auf alle Bankgruppen einheitliche Anwendung findet. Aber Tatsache ist nun einmal, daß in erster Linie die auslandsorientierten Institute betroffen sind, die der deutschen Wirtschaft den auslandsbegleitenden Finanzierungsservice bieten. Diese wichtige Funktion wird niemand ernsthaft in Zweifel ziehen wollen.

Im übrigen ist zu berücksichtigen, daß gerade die Sparkassen mit ihren Hauptgeschäftssparten "öffentlicher Kredit" und "Realkredit" schon bislang von der unterschiedlichen Erfassung der Kredite nach Grundsatz I profitieren. Wir müssen uns wohl zähneknirschend damit abfinden, daß der Multiplikator von 18 von der Bankenaufsicht als Tabugrenze angesehen wird, obwohl natürlich niemand beweisen kann, daß ausgerechnet dieser - auf Erfahrungswerten der 50er Jahre beruhende - Koeffizient richtiger sein soll als etwa das Zwanzigfache. Um so mehr hoffen wir, daß in nicht allzu ferner Zukunft Lockerungen bei den einzelnen Komponenten zugestanden werden, die inzwischen als reichlich antiquiert erscheinen:

So sollte die Unterscheidung zwischen Geldanlagen bei Inlandsbanken, die mit 20 % angerechnet werden, und bei Auslandsbanken, die mit 50 % zu berücksichtigen sind, aufgehoben werden, zumindest soweit es sich um Geldanlagen bei Banken anderer Industrieländer handelt. Es mutet doch anachronistisch an, wenn eine Einlage beispielsweise bei der Zentrale der Citibank in New York zu 50 %, bei deren deutscher Tochter oder Filiale aber nur mit 20 % angerechnet wird.

Ähnliche Probleme stellen sich für Staatskredite, die bei inländischen Gebietskörperschaften völlig aus Grundsatz I herausgenommen sind, bei ausländischen Körperschaften aber voll angerechnet werden. Lediglich Kredite an die EG-Organe werden wie Kredite an den Bund behandelt.

B. Interne Anpassungsmöglichkeiten

1. Realistischerweise müssen wir uns aber auf spürbare Anpassungszwänge einstellen und haben in der Tat bereits erste Vorkehrungen im Hinblick darauf getroffen, indem wir uns durch Verhaltensnormen freiwillig Zügel anlegen und uns "konsolidierungskonform" verhalten. Wir wollen auch nicht in ein jahrelanges Lamento verfallen. Zwar werden wir in eine engere Zwangsjacke gesteckt, müssen aber unsere Pforten deswe-

gen nicht schließen und fallen auch nicht in Provinzialität zurück, wenngleich internationale Wettbewerbsnachteile nicht auszuschließen sind, sofern es nicht weltweit zu vergleichbaren Regelungen kommt. Es gibt aber auf beiden Seiten der Bilanz Ansatzpunkte zur Veränderung, die es aktiv zu gestalten gilt.

a) Auf der Passivseite ist - prima facie - der einfachste Weg eine bzw. mehrere Kapitalerhöhungen der Obergesellschaft, bis die Eigenkapitallücke geschlossen ist. Auch die Bankenaufsicht sieht hierin den Stein der Weisen. In der Praxis sieht dies freilich anders aus: So spricht die kaufmännische Rationalität dafür, das dividendenberechtigte Grundkapital möglichst langsam wachsen zu lassen. Eine Kapitalaufstockung kann erst in Frage kommen, wenn eine ausreichende und dauerhaft ertragreiche Beschäftigung des zusätzlichen Kapitals gesichert erscheint. Von Bedeutung ist außerdem natürlich die jeweilige Börsenverfassung: Nur wenn sich befriedigende Emissionspreise erzielen lassen, können Grundkapital und Rücklagen in angemessenem Verhältnis wachsen. Auf jeden Fall kann dieser Weg nur ein langfristiger Ausweg sein. Mit Gewalt schnelle Kapitalaufstockungen durchzuziehen, nur um den KWG-Erfordernissen zu genügen bzw. sich neuen Expansionsspielraum zu verschaffen, widerspricht betriebswirtschaftlicher Vernunft.

b) Ein Teil der nötigen Eigenkapitalzufuhr dürfte - normale Verhältnisse vorausgesetzt - in den nächsten Jahren über die Dotierung der offenen Rücklagen bei Mutter und Töchtern darstellbar sein. Demgegenüber wird wohl die Bildung versteuerter stiller Reserven nach § 26a KWG - da nicht grundsatzrelevant - zurückstehen müssen, obwohl sie unter dem Vorsichts-Aspekt von großer Wichtigkeit wäre.

c) Eine verhältnismäßig kostengünstige Beschaffung von Eigenkapital ist über die Emission von Wandel- und Optionsanleihen möglich, auch hier günstige Marktbedingungen unterstellt. Die Großbanken bzw. deren ausländische Tochtergesellschaften bedienten bzw. werden sich in nennenswertem Umfang dieser Instrumente bedienen. Dies schon im Hinblick darauf, daß möglicherweise doch noch eine begrenzte Anerkennung nachrangigen Haftungskapitals erfolgt, wie vom Bundesrat gefordert. In vielen Industrieländern sind solche Eigenkapitalsurrogate seit langem üblich.

Ihre Anerkennung für alle Bankengruppen würde nicht nur dem Postulat der Wettbewerbsneutralität genügen, sondern natürlich auch die Auswirkungen des Konsolidierungszwanges mildern. Ein billiges Geschenk wären sie freilich nicht.

2. Neben der Eigenkapitalverbreiterung werden wir auch im bilanzrelevanten Bereich der Aktivseite die bereits eingeleiteten Struktur-Veränderungen fortführen müssen. So haben wir bereits in den vergangenen Jahren unsere AG-Bilanzsumme nur geringfügig ansteigen lassen, wobei vor allem die Interbank- Aktivitäten mit ihren ohnehin schmalen Margen zurückgedrängt wurden.

Erschwert wird die Umstrukturierungs-Aufgabe dadurch, daß die großen Banken bei Problemfällen immer wieder unfreiwillig zur Kasse gebeten werden. Dies betrifft vor allem die Zuführung von fresh money an die Problemländer wie Mexiko, Brasilien, Argentinien usw.. Hier erscheint es sogar berechtigt, von einer nationalen Pficht zu sprechen, denn es ist klar, daß sich die Bundesrepublik bei Umschuldungen nicht um ihren Part herumdrücken kann.

Ein Konflikt ist somit programmiert: Während wir auf der einen Seite den Schuldnerländern finanziell unter die Arme greifen sollen, verlangt man auf der anderen Seite Beschränkung im Kreditgeschäft. Die Banken bleiben also - so oder so - im Kreuzfeuer der Kritik.

Außerdem würde sich, wenn die Gesamtsumme unserer Ausleihungen nicht wachsen kann, angesichts dieser Zwangskredite die Durchschnittsqualität unseres Kredit-Portefeuilles notgedrungen verschlechtern. Dies aber kann weder im Sinne einer auf Einlegerschutz gerichteten Bankenaufsicht noch im Interesse unserer Aktionäre liegen. Darin liegt der Kern der Konsolidierungs-Problematik: Es wäre unverantwortlich, wenn als Ausgleich für Kreditaufstockungen bei Schwellen- und Entwicklungsländern entsprechende Kürzungen bei solventen ersten Adressen vorgenommen werden müßten.

3. Auf der anderen Seite will ich nicht leugnen, daß der Zwang zu rationellem Kapitaleinsatz durchaus heilsam sein kann. Wir werden künftig unsere Ausleihungen nicht nur noch stärker unter Risikoaspekten gestalten, sondern gleichrangig auch unter Rentabilitätsüberlegungen schärfer selektieren müssen als bislang. Sämtliche geschäftlichen Aktivitäten sind noch strenger und margenbewußter zu definieren.

Ganz sicher werden wir nicht etwa die Ausleihungen an die öffentliche Hand nur deshalb verstärken, weil sie nicht grundsatzrelevant sind. Die Ertragschancen sind hier - wie teilweise am Euromarkt und bei Geldmarktgeschäften - zu gering, um einen nennenswerten Beitrag zum Ergebnis bzw. der internen Rücklagenstärkung zu leisten; auch fehlt es hier an flankierenden Zusatzgeschäften wie im Firmenkredit. Deshalb wollen wir in Zukunft auch im Ausland noch stärker in diesem Firmengeschäft tätig sein.

Im übrigen ist beim Auslandsgeschäft das restriktive Körperschaftsteuerrecht zu berücksichtigen, das Auslandserträge, die im Inland ausgeschüttet werden, voll der deutschen Körperschaftsteuer unterwirft, nachdem sie bereits im Ausland besteuert worden sind. Aus verschiedenen Gründen räumen wir deshalb dem Wachstum im Inland Priorität ein.

Potential innerhalb der Strategie, sich auf ertragreiche Kundenbeziehungen zu konzentrieren, sehen wir bei der mittelständischen Wirtschaft, den freien Berufen, Privatkunden und auslandsorientierten Unternehmen. Da dies unsere Konkurrenten selbstverständlich ähnlich oder gleich sehen, wird daraus eine weitere Verschärfung des Bankenwettbewerbs resultieren.

4. Eine weitere Konsequenz der Anpassungen wird die Forcierung nichtbilanzrelevanter Geschäftssparten sein. Gerade im provisionsträchtigen Geschäft dürften in Deutschland noch erhebliche Reserven mobilisierbar sein. So müßte es möglich sein, das Wertpapiergeschäft mit der Privatkundschaft, das schon in den letzten Jahren eine rasche Aufwärtsentwicklung zeigte, noch weiter zu intensivieren, wenngleich wir hier natürlich stark vom Geschehen an Wertpapier- und Devisenmärkten abhängig sind. Insbesondere Eigenhandelsgewinne sind nicht planbar.

Weiter ausbaufähig erscheinen auch das internationale Emissionsgeschäft sowie der Service im Zahlungsverkehr oder die Einschaltung in Unternehmens- und Beteiligungsvermittlung (mergers und acquisitions). Damit wird sich die schon vor Jahren eingeleitete Hinwendung zum Merchant-Banking unter dem Druck der verschärften Bankenaufsicht noch stärker akzentuieren. Es gibt uns - da außerhalb der Konsolidierungsstränge laufend - ausreichend Bewegungsspielraum und entspricht dem Rentabilitäts-Postulat.

5. Diese sich abzeichnenden Strukturveränderungen in der Bankenlandschaft stellen, wie man sich leicht vorstellen kann, eine beträchtliche dispositive Herausforderung an die Konzernplanung, -steuerung und -kontrolle dar. Die EDV hat die entsprechenden Möglichkeiten in den letzten Jahren wesentlich verbessert. Jetzt kommt es vor allem darauf an, die einzelnen Segmente des Zins- und des Provisionsgeschäfts bis in die letzten Verästelungen des Filialsystems transparent zu machen, um im Sinne der neuen Konzernstrategie erfolgreich operieren zu können.

6. Schließlich, und damit komme ich zum abschließenden Punkt meiner Ausführungen, können das neue Margen-Bewußtsein und die Anpassungszwänge der Grundsatz I- sowie der Großkredit-Konsolidierung den Charakter der internen Konzernbeziehungen tangieren. Bisher war es allgemein üblich, die einzelnen Konzernteile an einer mehr oder weniger langen Leine zu führen, um ihre eigene Ergebnisverantwortung und Motivation zu fördern.

An diesem Grundprinzip darf sich auch künftig nichts ändern. Alle Stützpunkte sollen und müssen weiterhin als selbständige Profit-center denken und handeln. Wie bisher müssen Zentrale und Konzerngesellschaften gemeinsam Ziele und Vorgaben formulieren im Rahmen einer mittelfristigen Konzernplanung. Es wird also auch in Zukunft Freiräume geben für alle operativen Einheiten im In- und Ausland, zumindest "Freiräume auf Zeit", d.h. für den jeweiligen Planungshorizont. Zwangsläufig muß es aber zu einer strengeren Steuerung von Eigenkapital, Kreditvolumen, Großkrediten und Liquiditätsversorgung in den Gruppen kommen als bisher. Es wäre unrealistisch, davon auszugehen, die Mutter würde alleine die Last der Anpassung tragen. Damit wird der Weg zwischen den einengenden Vorschriften der KWG-Neufassung und einer Konzernführung der "leichten Hand" zu einer schwierigen Gratwanderung.

Unabhängig von dieser grundsätzlichen Fragestellung hat die Einbindung der Hypothekenbanken in die Konzern-Beaufsichtigung eine sehr fragwürdige rechtspolitische Dimension, wie zu Beginn dieses Vortrags ausgeführt. Die beiden Gutachten der Professoren Geßler und Forster haben den gesetzlich geregelten Sondercharakter der Hypothekenbanken bekräftigt, der es verbietet, sie wie Befehlsempfänger einer hierarchischen Konzernstruktur zu unterwerfen. Insofern klafft eine unüberbrückbare logische Diskrepanz zwischen dem formalen Zusammenfassungsverfahren der Bankenaufsicht und einer nach den geltenden Rechtsnormen erschwerten Einbeziehung von Hypothekenbanken in den Steuerungsmechanismus des Gesamtkonzerns.

Dieser Knoten kann nach unserer Auffassung nur durchschlagen werden, indem man die Hypothekenbanken aus der Konsolidierung herausnimmt. Dies wäre auch materiell ohne weiteres möglich, weil Berechnungen zeigen, daß sie ohnehin nur in sehr geringem Umfang - unter dem Einfachen des Eigenkapitals - zum Aufbau der Kreditpyramiden beitrugen. Es scheint nun so, als ob im Laufe der parlamentarischen Beratungen auch in diesem Punkt die systematische Einsicht wächst und die Einbeziehung der Realkreditinstitute unter Umständen doch noch entfällt bzw. modifiziert wird.

IV. Schlußbemerkungen

Ich fasse zusammen: am formalen Konzernabschluß wird sich künftig nichts ändern, weil wir unsere maßgeblichen ausländischen Beteiligungen schon längst "konsolidiert" haben unter Aufrechnung aller innerkonzernlichen Verbindungen, die sich in Vermögens-, Kapital- und Erfolgsgrößen niederschlagen. Sehr wohl aber ändert sich der Charakter der Konzernpolitik. Der dem Aktienrecht zugrundeliegende Gedanke der "Einheitstheorie", wonach Konzernunternehmen zwar selbständig bleiben, jedoch wirtschaftlich zu einer übergeordneten Einheit gehören, wird in der Konzernführung zwangsläufig stärker als bislang Gewicht bekommen.

Im Falle der Auslandstöchter dürften sich kaum Überschneidungen zwischen dieser aktienrechtlichen Sicht und den KWG-Richtlinien ergeben. Hier kann dem Gedanken der "einheitlichen Leitung" am ehesten Rechnung getragen werden, indem noch stärker gemeinsam vorgegangen wird, etwa nach dem Motto: getrennt marschieren, vereint schlagen. Dennoch können mögliche Konflikte auf der Ebene der Motivation auftreten. Es wird deshalb auf beiden Seiten viel Verständnis für die Interessenlage des anderen verlangt: von der Mutter für die besondere Situation draußen vor Ort, von der Tochter für die Notwendigkeit der strafferen Steuerung als Folge der KWG-Reform. Hierbei ist zu berücksichtigen, daß ja das Mutterinstitut in die Pflicht genommen wird, wenn das konsolidierte Eigenkapital nicht "angemessen" ist im Sinne der Bankenaufsicht. Die Mutter muß also für entsprechende Anpassungsmaßnahmen sorgen.

Dabei entsteht die Gefahr der Ungleichbehandlung. Weil insbesondere bei inländischen Hypothekenbanken die Einflußmöglichkeiten begrenzt sind, könnte ein überdurchschnittlicher Anteil dieser Lasten den ausländischen Stützpunkten auferlegt werden.

Das Fazit meiner Ausführungen lautet: Vor dem Spiegel, im Konzernabschluß, bleibt - global gesehen - alles beim alten; die Bilanz-Volumina werden auch in den nächsten Jahren nur langsam wachsen. Hinter dem Spiegel aber wird sich vieles bewegen bei der Umstrukturierung der Kreditportefeuilles und im veränderten Zusammenspiel der Konzerngesellschaften.

Probleme der Erfassung und Steuerung des Zinsänderungsrisikos mit Hilfe des bankbetrieblichen Rechnungswesens

Von DR. JOHANN REMMERS

I. Entstehung von Zinsänderungsrisiken

Es gehört zum Wesen einer Marktwirtschaft, daß Kapitalgeber in Fällen unternehmerischen Versagens ihre eingesetzten Mittel verlieren können. Das gilt grundsätzlich auch für Kreditinstitute. So haben in den vergangenen Jahrzehnten im deutschen Kreditgewerbe nicht nur die Eigentümer von Banken, sondern auch Nichtbanken-Gläubiger Teile ihrer Einlagen verloren. Die Mehrzahl aller Schwierigkeiten von Banken beruhte auf einem Fehlverhalten im Kreditgeschäft. Damit fragt es sich, warum das Thema "Zinsänderungsrisiken" seit knapp zehn Jahren in Wissenschaft und Bankenwelt so sehr in den Vordergrund gerückt ist.

Zinsänderungsrisiken resultieren aus inkongruenten Zinsbindungen für Aktiv- und Passivpositionen; sie sind also im wesentlichen darauf zurückzuführen, daß

- auf der einen Seite der Bilanz Geschäfte mit festen Zinssätzen, auf der anderen aber solche mit vom Marktzins abhängigen, also variablen Zinssätzen abgeschlossen werden, oder
- auf beiden Bilanzseiten zwar feste Zinssätze vereinbart werden, die Laufzeiten der Zinsbindung aber differieren.

Zinsänderungsrisiken entstehen im Aktivgeschäft vor allem in Niedrigzinsphasen, wenn Banken längerfristige Kredite zu Festzinssätzen gewähren oder festverzinsliche Wertpapiere mit längeren Restlaufzeiten erwerben und ihnen keine zins- und laufzeitkongruenten Finanzierungsmittel gegenüberstehen. Im Passivgeschäft entstehen Zinsänderungsrisiken vor allem in Hochzinsphasen, indem Banken längerfristige Finanzierungsmittel zu festen Zinsen hereinnehmen, ohne daß sie entsprechende

Festzinsvereinbarungen im Kreditgeschäft abschließen, oder Verträge späterer Kündigung nach § 247 BGB ausgesetzt sind.

II. Der Wandel in der Bedeutung des Zinsänderungsrisikos als Risikoquelle

Die Bedeutung des Zinsänderungsrisikos als Risikoquelle in der Unternehmenspolitik der Banken hat sich in den vergangenen Jahren grundlegend gewandelt. Diesem Wandel in der Einschätzung von Zinsänderungsrisiken ging der Aufstieg und vor allem der Niedergang des Finanzmaklers Rudolf Münemann voraus. Er schrieb mit seinem "Revolving-System", mit dem er aus kurzfristig revolvierend geliehenen Geldern langfristige Kredite zum festen Zinssatz gewährte, auf seine Weise ein Stück Kreditgeschichte. Mit seinem System brachte er die großen Kapitalsammelstellen als Kapitalanbieter auf der einen und Industriekonzerne als Kreditnehmer auf der anderen Seite auf eine einfach wirkende, aber eben nicht risikolose Weise zusammen.

In der Zinshausse Ende der 60er Jahren gingen seine Rechnungen nicht mehr auf; er hatte zu sehr auf die Statistik vertraut, nach der über ein halbes Jahrhundert lang Dreimonatsgelder nachhaltig selten mehr als 4,5 % gekostet hatten.

Obwohl die Banken hinsichtlich des Ausmaßes ihrer Zinsänderungsrisiken im Regelfall wesentlich vorsichtigere Maßstäbe anlegten, haben seitdem auch eine Reihe von Banken und Sparkassen in der Bundesrepublik, aber noch mehr in den USA, ähnliche Erfahrungen sammeln müssen, hierfür gibt es einige Gründe.

- Das <u>langfristige Kreditgeschäft</u> der Banken <u>ist gewachsen</u>. So stieg der Anteil der langfristigen Kredite an den Buchkrediten an Nichtbanken bei den Kreditbanken in den vergangenen Jahrzehnten ständig auf nunmehr 50 %.

  Banken, die sich dieser Geschäftssparte widmen, müssen ihre Kunden auch Festzinsvereinbarungen offerieren. Sie haben laufend zu entscheiden, sich kongruent einzudecken oder längerfristige Aktivpositionen temporär kurzfristig zu refinanzieren, um eine höhere Marge zu erzielen.

- Die frühere Arbeitsteilung im Kreditgewerbe hat sich stark verwischt. Alle Bankengruppen konkurrieren um die gleichen Kundengruppen. Um wettbewerbsfähig zu sein, müssen alle Institute langfristige Kredite - sei es an Unternehmen oder Privatpersonen - gewähren, und zwar unabhängig von der Struktur ihrer Passivseite.

  Banken, die über einen großen Block langfristiger - bisher relativ zinsstabiler - Spareinlagen verfügen oder das Emissionsrecht besitzen, sind hier - was das Ausmaß der Zinsänderungsrisiken anlangt - in einer besseren Position als Institute, die sich hauptsächlich mit kurzfristigen - stark zinsvariablen - Termingeldern refinanzieren. Eine Bank, die aufgrund der Struktur ihrer Passiva in einer bestimmten Zinskonstellation im Vergleich zu ihren Wettbewerbern über eine ungünstigere Einlagenstruktur verfügt, kann naturgemäß versucht sein, diesen Nachteil auszugleichen, indem sie Zinsschwankungen durch geschickte Dispositionen zu ihren Gunsten ausnutzt.

  In diesem Zusammenhang spielt auch der Wettbewerb im langfristigen Kreditgeschäft eine Rolle. Der Wille, Kunden zu gewinnen oder zu halten, führt nicht selten dazu, erwartete Zinssenkungen in der Zinsgestaltung von Kreditangeboten bereits vorwegzunehmen. Angesichts des Wettbewerbs sind alle Banken dann gehalten, diesen Verhaltensweisen zu folgen, wenn sie ihre Kunden nicht verlieren und angemessene Margen erzielen wollen. Solche Inkongruenzen werden dann vom Markt mehr oder weniger erzwungen.

- Die Hinwendung zum langfristigen Geschäft hat die Banken bewogen, die langfristigen Teile ihrer Passivseite zu stärken. In gewissem Umfang sind alle Institute Daueremittenten von Schuldverschreibungen oder Sparbriefen geworden. In Hochzinsphasen kann damit auch die Gefahr entstehen, Wünsche der Sparer nach eigenen Emissionen nachzukommen, ohne im Kreditgeschäft geeignete Anlagen zu finden.

- Unabhängig von diesem Strukturwandel, der die Anpassungsfähigkeit der Banken an Zinsentwicklungen stark verminderte, gab es indessen für die Kreditinstitute immer schon gewisse längerfristige Zinsbindungen bei Eigenanlagen in Wertpapieren. Diese sind dann Ersatz für zeitweise fehlendes Kreditgeschäft oder Grundlage für die Beschaffung von Lombardkrediten bei der Notenbank.

Dieser Wandel in der Einschätzung von Zinsänderungsrisiken ist allerdings nicht allein aus dieser Tendenz zum langfristigen Geschäft erwachsen. Dieser Trend traf vielmehr mit einer anderen gesamtwirtschaftlichen Entwicklung zusammen, nämlich veränderten Zinsverläufen. Wir beobachten seit Mitte der 60er Jahre intensivere und kurzatmigere Konjunkturschwankungen. Antizyklische Fiskalpolitik, wachsende Staatsverschuldung und zeitweise hohe Inflationsraten lösten Reaktionen der Notenbanken aus. Erratische Zinsausschläge waren die Folge.

Extrem waren die Jahre 1973/1974 und vor allem 1979/1982 (Anlage 1, S. 80). Beide Perioden waren durch eine inverse Zinsstruktur gekennzeichnet, wobei gerade der letzte Zinsgipfel einer Reihe von Instituten, die im Zinstal 1978 auf der Aktivseite langfristige Zinsbindungen eingingen, ohne sich zinskongruent einzudecken, empfindliche Verluste brachte. Hier wirkte sich nicht nur das Ausmaß der Zinssteigerungen aus, sondern vor allem ihre Dauer von 1979 - 1982. So hatten Banken, die 1978 langfristige Kredite gewährten, hieraus - sofern sie sich am Termingeldmarkt zu refinanzieren hatten - über eine längere Periode Minusmargen von zeitweise über 6 % zu verkraften.

Weitaus gravierender waren die Ausschläge in den USA. Der Zins für kurzfristiges Geld kletterte im letzten Zinszyklus innerhalb kurzer Zeit um 15 %. Als Folge gerieten in den USA Anfang der 80er Jahre Federal Savings and Loan Associations durch Zinsänderungsrisiken tief in die roten Zahlen: Zu Aktivzinsen von 4,5 % begebene langfristige Hypotheken waren in Extremfällen mit Geldmarktmitteln zu über 15 % zu refinanzieren.

III. Maßnahmen der Bankenaufsicht

Das Bundesaufsichtsamt für das Kreditwesen reagierte auf die sich abzeichnenden Zinsänderungsrisiken relativ frühzeitig. Mit Schreiben vom 23. November 1977 forderte es in den Berichten der Abschlußprüfer über die Jahresabschlußprüfung Feststellungen darüber, in welchem Umfang langfristige Kredite zu Festsätzen gewährt worden sind und in welchem Ausmaß ihnen keine entsprechend befristeten Refinanzierungsmittel mit festen Zinsen gegenüberstehen. Es verlangte ferner die unverzügliche Anzeige der Prüfer nach § 29 Abs. 2 KWG über die Refinanzierung aus Mitteln mit variablen Zinsen in existenzbeeinträchtigendem Umfang. Das Amt beschränkte sich also zunächst darauf, Inkongruenzen zwischen langfristigen, zinsgebundenen Krediten und den ihnen gegenüberstehenden Finanzierungsmitteln transparent machen zu lassen. Wertpapieranlagen waren zunächst nicht einzubeziehen.

Nachdem die Behörde in den Jahren nach 1977 den Eindruck gewonnen hatte, daß nicht alle Kreditinstitute ihr Zahlenmaterial hinsichtlich Zusammenstellung und Zuordnung so vorbereitet hatten, daß darin Zinsänderungsrisiken ohne besondere Schwierigkeiten erkannt werden konnten, wies das Amt mit Schreiben vom 24. Februar 1983 erneut auf diese Erfordernisse hin. Gleichzeitig erweiterte es seine Anforderungen. Mit Rücksicht auf die unterschiedlichen Gegebenheiten bei den einzelnen Instituten erschien es dem Amt allerdings nicht angebracht, die Ausgestaltung eines einheitlichen Verfahrens (z. B. durch Formblätter und weitgehende Zurechnungsvorschriften) detailliert festzulegen.

Entscheidend ist für das Amt vielmehr, daß jedes Kreditinstitut alle für die Beurteilung des Zinsänderungsrisikos wesentlichen Aktiv- und Passivgeschäfte (z.B. auch Schuldscheindarlehen, festverzinsliche Wertpapiere, Pensionsgeschäfte) nach ihrer Zinsbindungsfrist erfaßt, damit die Inkongruenzen im Zeitablauf über einen Zeitraum von mindestens 5 Jahren sichtbar werden und sich die Auswirkungen zum einen auf der Basis der geltenden Zinssätze und zum anderen bei Unterstellung von Zinsänderungen, die während der Zinsbindungsfrist eintreten könnten, periodenweise nachprüfbar beurteilen lassen. In der Regel sollen Geschäfte mit einer Zinsbindung von 6 Monaten und mehr einbezogen und die Inkongruenzen für aufeinanderfolgende Zeitabschnitte von längstens 6 Monaten ermittelt werden.

Das Amt hat den Abschlußprüfern unter Beibehaltung der unverzüglichen Anzeigepflicht nach § 29 Abs. 2 KWG über bedrohliche Zinsänderungsrisiken auferlegt, eingehend Bericht zu erstatten über:

a) das Verfahren, mit dem das einzelne Kreditinstitut seine Zinsänderungsrisiken erfaßt;
b) eine Gegenüberstellung der erfaßten Aktiv- und Passivgeschäfte mit ihren Stichtagsbeständen nach der Dauer der Zinsbindung in Gruppen von beispielsweise 6 Monaten;
c) die in der Berichtsperiode insgesamt angefallenen und die in zukünftigen Perioden aufgrund bestehender Vereinbarungen zu erwartenden Ertragseinbußen;
d) die Auswirkungen möglicher Zinsänderungen.

Bei der Beurteilung der Zinsänderungsrisiken sollen auch die mit Kreditzusagen sowie die mit dem Erwerb von festverzinslichen Wertpapieren auf Termin und anderen Termingeschäften verbundenen, ferner die aufgrund von § 247 BGB vorhandenen Risiken nicht außer acht gelassen werden. Das zuletzt erwähnte Risiko besteht trotz einer zins- und laufzeitkongruenten Finanzierung bei hochverzinslichen Krediten, da bei einem nachhaltigen Zinsrückgang mit Kündigungen solcher Kredite gerechnet werden muß, soweit nicht § 247 Abs. 2 BGB gilt. Das Risiko, daß sich zunächst geschlossene Festzinspositionen durch solche Kündigungen öffnen, wird um so größer, je mehr der vereinbarte Zinssatz die Schwelle von 6 % übersteigt.

Das BAK fordert nunmehr, daß die seiner Aufsicht unterliegenden Kreditinstitute in der Lage sein müssen, zumindest am Stichtag des Jahresabschlusses sowie an mehreren anderen Stichtagen die bestehenden aktivischen und passivischen Zinsänderungsrisiken abzuleiten. Diese Vorschrift bedeutet, daß zumindest zweimal im Jahr das Zinsänderungsrisiko einer Bank ermittelt werden muß.

IV. Die Entwicklung von Informationssystemen durch das Kreditgewerbe

Die Banken waren auf die veränderten Bedingungen nicht von vornherein ausreichend vorbereitet. Einige Intitute schätzten die Perioden inverser Zinsstruktur zunächst als einmalige Ereignisse ein und sahen insoweit keinen zwingenden Handlungsbedarf. Zudem enthält das traditionelle Rechnungswesen keine Aussagen über das Ausmaß von Zinsänderungsrisiken.

- Die Bilanzpositionen sind nach Ursprungslaufzeiten, nicht aber nach Restlaufzeiten gegliedert.
- Das Rechnungswesen wie auch die Liquiditätsgrundsätze orientieren sich an Liquiditätslaufzeiten, nicht an Zinslaufzeiten.

Die betriebswirtschaftliche Theorie wie auch die Praxis hatte also neue Verfahren zu entwickeln.

Einige Banken haben - unabhängig von den Anforderungen des BAK - aufgrund der Erfahrungen im Zinszyklus 1973/74, bereits Mitte der 70er Jahre begonnen, ein Konzept einer Ablaufbilanz zu entwickeln, die die für die Steuerung von Zinsänderungsrisiken erforderlichen Daten transparent macht.

Eine solche Ablaufbilanz kann für Einzelinstitute, nach einzelnen Geschäftsarten und für einzelne Währungen entwickelt werden. Weitgehend selbständig operierende Niederlassungen wie Auslandsfilialen sollten eigene Ablaufbilanzen erstellen (Anlage 2, S. 81).

1. Beschreibung des Systems

Der technische Ablauf ist in Anlage 3 (S. 82) beschrieben: Zu einem Stichtag werden aus der Ist-Bilanz für jedes einzelne Konto Informationen über Tilgung und Zins übernommen und nach den Kriterien

- Geschäftsart
- Fälligkeitsschicht
- Zinsart (fest oder variabel)

sortiert. Daraus wird dann die Ablaufbilanz aufgebaut. Das Mittel zur Darstellung ist eine stichtagsbezogene Schichtenbilanz (Anlage 4, S. 83).

Der Betrachtungszeitraum ist für die ersten 10 Jahre in einzelne Schichten gegliedert:

- für etwa 2 Jahre werden Monatsschichten gebildet,
- für das 3. Jahr folgen Quartalsschichten,
- für das 4. bis 10. Jahr Jahresschichten.
- Die Fälligkeiten nach dem 10. Jahr werden zusammengefaßt in einer Schicht dargestellt.

In der ersten Zeile erscheinen die Bilanzsumme zum Stichtag sowie die Durchschnittsverzinsung der Aktiva und Passiva zu diesem Stichtag. Die Differenz der Durchschnittsverzinsung der Aktiva und der Passiva ergibt die Zinsspanne für diesen Tag (hier 1. Januar 1984). In unserem Beispiel beträgt:

- die Bilanzsumme 23.000,
- die Durchschnittsverzinsung der Aktiva 8,50 %,
- die Durchschnittsverzinsung der Passiva 6,50 %,
- die Zinsspanne also 2,00 %.

Die erste Betrachtungsschicht ist der Januar 1984. In dieser Schicht werden vom Stichtag ausgehend fällig:

- 1.940 Aktiva mit einer durchschnittlichen Verzinsung von 7,60 % und
- 2.650 Passiva mit einer Verzinsung von 5,50 %.

Die fälligen Passiva übersteigen die fälligen Aktiva um 710, was in der Spalte "Überhang" mit "-710" ausgewiesen ist. Ende Januar 1984 verbleiben von den ursprünglichen Aktiva noch

- 21.060 Aktiva zu 8,58 %
- 20.350 Passiva zu 6,63 %.
- Auf den deckungsgleichen Teil von 20.350 verbleibt eine Marge von 1,95 %.

In der zweiten Betrachtungsschicht (Februar 1984) werden fällig:

- 2.090 Aktiva zu 9,50 % und
- 2.610 Passiva zu 6,20 %.
- Daraus ergibt sich in dieser Schicht ein Mittelbedarf von 520.
- Die Einzelüberhänge aus Januar (-710) und Februar (-520) werden addiert und ergeben einen kumulierten Überhang von -1.230.

So werden die einzelnen Fälligkeitsschichten dargestellt und vom jeweiligen Restvolumen abgezogen, bis die gesamte Bilanz abgeschrieben ist. Somit sind das Zinsänderungsrisiko und seine Struktur dargestellt.

Um eine weitergehende Annäherung an die Realität und Analysen zu ermöglichen, werden die aggregierten Zahlen aus Anlage 4 (S. 83) aufgegliedert nach den Hauptgeschäftsarten und den Ursprungslaufzeiten der Geschäfte (Anlage 5, S. 84).

Die Aktivfälligkeiten Januar setzen sich in unserem Beispiel zusammen aus:

- täglich fälligen Aktiva	530
- Termingeldausleihungen	250
- festverzinslichen Wertpapieren	170
- Krediten und Schuldscheindarlehen	880
- Übrigen Aktiva	110
	1.940

Zu jeder Auswertung der Ablaufbilanz wird eine Analyse erstellt, die die Veränderungen der Risiken im Vergleich zum letzten Stichtag darstellt und erläutert. Zu diesem Zweck werden die kumulierten Überhänge von zwei Stichtagen gegenübergestellt. Sichtbar werden damit die Entwicklung des Zinsänderungsrisikos und seine Struktur (Anlage 6 S. 85).

Um die Entwicklung in den einzelnen Schichten zu beobachten, werden für jede Fälligkeitsschicht die Bestände des vorhergehenden Untersuchungstages den aktuellen Beständen gegenübergestellt. Die Differenz zeigt dann die Veränderungen, die durch das Neugeschäft entstanden sind. Zum einen werden die Neugeschäftsvolumina in den einzelnen Schichten mit den durchschnittlichen Zinssätzen dargestellt, zum anderen die Auswirkungen des Neugeschäfts auf die Marge des deckungsgleichen Teils und den Überhang.

Die Darstellung läßt sich weiter verfeinern, indem die Veränderungen nach Geschäftsarten gegliedert werden. Wir sehen hieraus, welche Geschäfte die Bank zwischen 2 Stichtagen abgeschlossen hat und welche Zinssätze sie für die jeweiligen Geschäftsarten am Markt erzielen konnte. Hieraus können dann auch die Margen abgeleitet werden.

Für die kurzfristige Erfolgsrechnung ist von besonderem Interesse, wie sich die erste Fälligkeitsschicht zusammensetzt. Deshalb wird hier die in Anlage 5 (S. 84) gezeigte Gliederung nach Hauptgeschäftsarten mit Zusatzinformationen versehen, indem die einzelnen Schichten weitergehend nach Geschäftsarten gegliedert werden. Zudem werden die einzelnen Beträge um die dazugehörigen Durchschnittszinssätze ergänzt, so daß erkennbar wird, ob und wann kurzfristig hoch- oder niedrigverzinsliche Bilanzpositionen fällig werden.

2. Beispielrechnungen

Die in der Anlage 4 (S. 83) ausgewiesenen Daten ermöglichen erste Hinweise auf die Entwicklung der Zinsspanne und somit des Zinsüberschusses im Monat Januar 1984. Der Zinsüberschuß setzt sich aus mehreren Teilen zusammen:

- dem Beitrag aus dem Altgeschäft,
- dem Beitrag aus dem kongruenten Neugeschäft und
- den Refinanzierungskosten aus dem Überhang.

Am 1. Januar beträgt die Zinsspanne 2,00 %, zum Ende des Monats verbleibt bei einem kongruenten Volumen von 20.350 noch eine Spanne von 1,95 %. Diese Reduzierung ergibt sich aus kongruenten Fälligkeiten in Höhe von 1.940 mit einer Marge von 2,10 %.

Kann davon ausgegangen werden, daß Neugeschäft mit der gleichen Marge möglich ist, so wird die Spanne von 2 % wieder erreicht. Ist Neugeschäft mit einer größeren Spanne möglich, so wird die Zinsspanne über 2 % steigen; kann nur eine geringere Spanne erzielt werden, so sinkt die Zinsspanne unter 2 %.

Über die deckungsgleichen Fälligkeiten von 1.940 hinaus wurden fällig 710 mit einer Verzinsung von 5,50 %. Können diese Mittel zum gleichen Satz prolongiert werden, so hat dies keinen Einfluß auf die Spanne von 2 %. Sind die Passiva jedoch nur zu einem höheren Satz zu prolongieren, so ergibt sich daraus ein negativer Einfluß, während sich eine Eindeckung zu einem niedrigeren Satz positiv auf die Zinsspanne auswirkt.

Um den erwarteten Zinsüberschuß für den Monat Januar zu ermitteln, werden folgende Annahmen getroffen:
- Die Bilanzsumme zum Stichtag bleibt im Monat Januar konstant.
- Die Fälligkeiten liegen in der Mitte des Monats.
- Für die Prolongation des deckungsgleichen Neugeschäfts ist eine Spanne festzulegen.
- Für den Passivüberhang muß ein Prolongationszinssatz bestimmt werden, der die Zinsentwicklung am Markt widerspiegelt.

Der Ablaufbilanz werden folgende Informationen entnommen:
- Für den gesamten Monat Januar stehen Aktiva von 21.060 zu 8,58 % zur Verfügung.
- Die Aktivfälligkeiten von 1.940 zu 7,60 % stehen für den halben Monat zur Verfügung.

Das ergibt einen durchschnittlichen Bestand an Aktiva im Monat Januar von:

21.060
\+ 970
22.030.

Der Ergebnisbeitrag setzt sich zusammen aus:

21.060 x 8,58 % p.m. = 150,58
970 x 7,60 % p.m. = 6,14
156,72.

Das durchschnittliche Passivvolumen von 20.350 plus die Hälfte von 2.650 liegt bei 21.675 und führt zu einem Aufwand von:

20.350 x 6,63 % p.m. = 112,43
1.325 x 5,50 % p.m. = 6,08
118,51.

Der Beitrag aus dem Altgeschäft für Januar liegt somit bei:

156,72
\- 118,51
38,21.

Um die ursprüngliche Bilanzsumme zu erreichen, ist ein kongruentes Neugeschäft von:

23.000
- 22.030
970

erforderlich. Es wird angenommen, daß eine Marge von 2,15 % erzielt werden kann. Der Ergebnisbeitrag für Januar beträgt dann 1,74. Zusätzlich sind aufzunehmen 355 Passiva; der unterstellte Marktsatz sei 5,60 %. Hieraus errechnen sich Refinanzierungskosten von 1,42. Das Gesamtergebnis für den Monat Januar beträgt dann:

- Beitrag aus Altgeschäft	+ 38,21
- Beitrag aus kongruentem Neugeschäft	+ 1,74
- Beitrag aus Refinanzierung des Überhangs	- 1,42
	38,53.

Die erwartete durchschnittliche Marge für Januar liegt damit bei 2,01 %.

Nach dieser Methode läßt sich auch der erwartete Zinsüberschuß für die Folgemonate, für das laufende Jahr und die folgenden Jahre prognostizieren.

3. Vorbereitende Tätigkeiten für die Ablaufbilanz

Das Rechnungswesen enthält zunächst keine Informationen über Restlaufzeiten oder gar Zinsbindungslaufzeiten. Deshalb ist es erforderlich, die notwendige Datenbasis durch Erweiterung der Daten aus dem Rechnungswesen aufzubauen. Zu entscheiden ist dabei über:

- die Aggregationsstufe: kleinste Einheit ist das Konto,
- den Detaillierungsgrad für Auswertungen: dabei ist zu bedenken, daß die Informationsmenge sehr groß ist; der Ablauf muß jedoch übersichtlich sein, wenn die Auswertung ihrer Zweckbestimmung als Informationsinstrument gerecht werden soll.
- die Behandlung bestimmter Bilanzpositionen.

Für einige Geschäftsarten werden Annahmen über ihre Berücksichtigung in der Ablaufbilanz gemacht. In die erste Betrachtungsschicht des Zinsänderungsriskos werden eingestellt:

- Kontokorrentkredite
- Kontokorrenteinlagen
- Mittel, die bis auf weiteres zur Verfügung stehen
- Handelsbestände aus Renten und Schuldscheindarlehen.

Nicht fälliggestellt, d.h. erst in der letzten Schicht werden berücksichtigt:

- Eigenkapital
- Rückstellungen
- Wertberichtigungen
- Beteiligungen
- Grundstücke und Gebäude
- Betriebs- und Geschäftsausstattung
- sonstige Aktiva und Passiva, die langfristig zur Verfügung stehen.

Dieses System, Zinsänderungsrisiken zu erfassen, ist im Ansatz umfassend angelegt und zielt in seiner Anwendung auf größere Banken mit einem umfangreichen langfristigen Kreditgeschäft. Angesichts der Menge von Dispositionen in den verschiedenen Geschäftssparten reichen einfache Methoden nicht aus, etwaige Inkongruenzen in dem notwendigen Detaillierungsgrad zu überblicken.

Kleinere Institute mit einem dominierenden zinsvariablen Geschäft können sich einfacherer Methoden bedienen oder im Grenzfall sogar ganz darauf verzichten, Zinsänderungsrisiken in einem getrennten System zu erfassen, wenn sie sich auf so wenige Positionen beschränken, daß ihr Umfang jederzeit erkennbar ist.

Insofern sind bei der Entwicklung einer Ablaufbilanz zunächst die besonderen Bedingungen einer Bank zu formulieren. Die jeweilige Struktur eines Instituts ist entscheidend dafür, wie eine Ablaufbilanz aufgebaut sein muß.

4. Anwendung der Ablaufbilanz

Das Kreditgewerbe hat in den vergangenen Jahren seine Steuerungsmechanismen stark ausgebaut und verfeinert. Der intensive Wettbewerb und der Druck auf die Margen waren wesentliche Ursachen hierfür. Neben der weiterentwickelten Spartenrechnung ist die Kundenkalkulation ein wesentliches Instrument für die Steuerung der Kundenbeziehungen der am Markt operierenden Abteilungen. Im Vergleich hierzu ist die Ablaufbilanz grundsätzlich auf die Gesamtbank ausgerichtet. Entscheidungen, die Struktur der Zinsbindungsfristen zu verändern, etwa das langfristige Kreditgeschäft temporär nicht einzudecken oder Wertpapierbestände aufzubauen, können Banken sinnvollerweise nur aufgrund einer Ablaufbilanz treffen. Sie steuert damit die Erträge, die eine Bank aus dem Eingehen von Zinsänderungsrisiken erzielt.

Die Ablaufbilanz ist in dieser Form die entscheidende Grundlage für Dispositionen der Bank, soweit diese mögliche Zinsinkongruenzen zum Gegenstand haben. Die Entscheidungen stützen sich zudem auf die jährliche Planbilanz, die die Positionen der Jahresbilanz enthält sowie das angestrebte Wachstum der Bilanzsumme sowie der einzelnen Bilanzpositionen und damit die voraussichtliche Entwicklung des Grundsatzes I KWG festlegt. Die Ablaufbilanz ist schließlich auch eine ausgezeichnete Datenbasis für die Zinsspannenrechnung auf der Grundlage von Restlaufzeiten. Sie ist damit wesentlich aussagekräftiger als die klassische Spannenrechnung, die auf Ursprungslaufzeiten aufbaut.

Erstellt werden sollte die Ablaufbilanz für jede Niederlassung, die innerhalb eines vorgegebenen Rahmens selbständig disponiert - also eigene Zinsänderungsrisiken eingehen kann. Das kann etwa für Auslandsniederlassungen gelten. Schließlich sollte man sie nach Währungen gliedern, denn nur dann haben die Effektivzinssätze eine Aussagekraft.

Diese Ablaufbilanz läßt sich schließlich zu einem umfassenden Simulationsmodell ausbauen. In einem solchen System sind dann die KWG-Grundsätze wie auch die bankinternen Bedingungen die Restriktionen. Dispositionen lassen sich dann in ihrer Auswirkung auf Ertrag und Liquidität simulieren. Zudem können Annahmen über künftige Zinsschwankungen in das System eingegeben werden. Erkennbar wird dann ihre Wirkung auf die Unternehmensziele.

Solch ein Entscheidungsmodell ist gewiß ein perfektes System für die Steuerung von Zinsänderungsrisiken, da es die Wirkungen von Datenänderungen und von Entscheidungen bis ins Detail sichtbar macht. In der praktischen Anwendung darf man es aber nicht überschätzen. Wir müssen seit geraumer Zeit bedenken, daß unsere Erwartungen über künftige Zinsentwicklungen mit hoher Unsicherheit behaftet sind. Sinnvollerweise wird man daher in der erwarteten Entwicklung eine gewisse Schwankungsbreite annehmen müssen. Sie kann nicht selten so weit gehen, sinkende oder steigende Zinsen zu unterstellen. Diese Varianz dominiert dann die Ergebnisse solcher Rechnungen in einem Ausmaß, daß perfekte EDV-gestützte Rechenverfahren in ihrer Aussagekraft sehr begrenzt sind.

Die Ablaufbilanz soll:

1. nicht überschaubare Risiken im Rentabilitätsbereich sichtbar machen, die aus Zinsänderungsrisiken erwachsen,
2. zur Ergebniskontinuität beitragen und
3. die Rentabilität einer Bank verbessern.

Die Entscheidung, inkongruente Positionen aufzubauen oder zu vermindern, wird naturgemäß stark von Zinserwartungen geprägt, vor allem der Wahrscheinlichkeit, mit der solche Zinsprognosen behaftet sind. In dieser Einschätzung der Zukunft, in der Wahl der richtigen Dispositionszeitpunkte, in dem Ausmaß und in der Dauer offener Positionen liegt ein Schlüssel für die optimale Ertragssteuerung.

Die wachsende Vielfalt der zum Teil weltweit wirkenden Einflußfaktoren auf die Zinsentwicklung wie Inflation, Konjunktur und Wechselkursschwankungen sowie kaum vorhersehbare politische Faktoren wie Revolutionen, Ölkrisen oder Budgetentscheidungen von Regierungen und häufig kurzfristig wechselnde Erwartungen in bezug auf diese oder jene Faktoren prägen die Risiken solcher Entscheidungen.

Deshalb müssen sich Banken jederzeit über das Ausmaß klarwerden, in dem sie zinsinkongruente Positionen unterhalten wollen. Das hängt grundsätzlich ab von:

- der Sicherheit ihrer Erwartungen. So wird eine Bank in einem beginnenden weltweiten Zinssenkungsprozeß, der durch pessimistische Konjunkturprognosen und sinkende Inflationsraten gestützt wird, eher längerfristige Aktivpositionen aufbauen als in Phasen beginnender Notenbankrestriktionen.

- Eine Bank wird sich auch am Niveau des augenblicklichen Kapitalzinses orientieren. Die Risiken, negative Margen über eine längere Dauer zu erleiden, sind naturgemäß bei einem Kapitalzins von über 10 % geringer als bei einem Zinssatz von 6 %.

  Auf dieser Überlegung beruhen auch mögliche Simulationsrechnungen, die für die offene Position hypothetische Marktsätze ansetzen, wie sie nach der gesamtwirtschaftlichen Situation im allgemeinen und nach den voraussichtlichen Entwicklungen am Geld- und Kapitalmarkt in nächster Zeit realistischerweise zu erwarten sind, um - bei einem gegebenen Aktiv- oder Passivüberhang - etwa die Veränderung des Betriebsergebnisses zu ermitteln, sofern die zur Refinanzierung erforderlichen oder bei der Anlage erhältlichen Zinssätze um 1 % oder mehrere Prozent steigen oder sinken.

- Schließlich ist auch die Art der Bilanzposition wichtig, in der eine Bank Zinsänderungsrisiken eingeht. Inkongruenzen bei langfristigen

Darlehen kann eine Bank nur beseitigen, indem sie sich kongruent refinanziert. Festverzinsliche Wertpapiere - insbesondere wenn es sich um öffentliche Anleihen handelt, für die die Bundesbank Kurspflege betreibt - kann sie darüber hinaus über die Börse mobilisieren. Der Grad ihrer Mobilisierbarkeit ist also höher als der normaler Darlehen. Auf der anderen Seite sind festverzinsliche Wertpapiere - soweit sie im Umlaufvermögen gehalten werden - zum Niederstwert zu bilanzieren. Starke Zinsausschläge nach oben können durchaus dazu führen, daß solche Positionen innerhalb kurzer Zeit mehr als 20 % ihres Wertes verlieren. Einfache Modellrechnungen verdeutlichen, daß solche Verluste in der Erfolgsrechnung aus dem ordentlichen Ergebnis nicht aufgefangen werden können, sofern die Wertpapiere einen nicht unbedeutenden Anteil am Bilanzvolumen ausmachen. Eine Bank muß deshalb auch die mögliche Höhe von Niederstwertabschreibungen in ihr Kalkül einbeziehen.

- Ein Kriterium für das Ausmaß möglicher Inkongruenzen bietet - wie auch im Falle anderer Risikoarten - die wirtschaftliche Stärke eines Instituts. In Betracht kommt zunächst und vor allem die Ertragskraft im ordentlichen fristenkongruent finanzierten Geschäft. Von Bedeutung sind zudem unversteuerte oder versteuerte stille Reserven, welche ein Institut zum Ausgleich etwaiger Verluste mobilisierbar unterhält.

- Auch die Dauer, für die eine Bank Zinsänderungsrisiken eingeht, hat ein erhebliches Gewicht. Das gilt keineswegs nur in dem Sinne, daß mit längerer Laufzeit die Zinsänderungsrisiken steigen. Die Erfahrungen aus Phasen inverser Zinsstruktur haben gezeigt, daß auch relativ kurzfristige Positionen empfindliche Verluste verursachen können. So kann ein Zweijahresgeld aus einer Niedrigzinsphase in einer schnell folgenden Zinshochphase für eine Bilanzperiode durchaus eine weitaus höhere laufende negative Marge bringen als ein langfristiges Darlehen.

- Wichtig ist zudem, in welcher Währung disponiert wird. Es ist also nach Währungen getrennt zu entscheiden, da sich Zinsen durchaus nicht parallel entwickeln.

Es sind demnach also eine Vielzahl von Faktoren in die Überlegungen einzubeziehen, wenn festgelegt werden soll, in welchem Umfang ein Institut Inkongruenzen eingehen kann. Hier haben institutsspezifische Daten ein erhebliches Gewicht. Deshalb lassen sich auch generell gültige Aussagen zu möglichen Obergrenzen kaum treffen.

5. Zur Organisation der Entscheidungen über Zinsänderungsrisiken

Das Ausmaß von Zinsänderungsrisiken kann für den Erfolg einer Bank von erheblichem Gewicht sein. Deshalb obliegen die Entscheidungen hierüber dem obersten Führungsorgan einer Bank. Ihnen sollten sorgfältige Analysen der volkswirtschaftlichen Abteilung und der am Markt tätigen Wertpapier-, Geld- und Devisenhandelsabteilungen zur erwarteten Zinsentwicklung zugrunde liegen. In gewissen Perioden sollte dann der "Controller" alternative Zinsentwicklungen in ihrer Wirkung auf den Ertrag simulieren, und zwar getrennt für einzelne Bilanzperioden, um die Wirkung von Zinsänderungen auf die Erfolgsrechnungen einzelner Jahre zu ermitteln. Diese Eckdaten sind dann Grundlage für die Dispositionen.

Die so geschaffenen Entscheidungsgrundlagen, nämlich Zinserwartungen sowie Simulationsrechnungen, mögen einen hohen Perfektionsgrad erreichen. Sie bleiben in ihrem Charakter dennoch stets Hilfsmittel. Den handelnden Personen verbleibt das Abwägen zwischen Chancen und Risiken, welches nicht zuletzt Erfahrung und Augenmaß verlangt.

V. Grenzen der aufsichtsbehördlichen Reglementierung

Das KWG enthält für die typischen Risiken von Kreditinstituten vor allem im Kreditgeschäft eine Anzahl von Vorschriften, welche den Handlungsspielraum von Banken einengen. Die Grundsätze über Eigenkapital und Liquidität sowie die Großkreditregelungen sind die bedeutsamsten. Abweichend davon besteht für Zinsänderungsrisiken für Universalbanken seit Februar 1983 eine erweiterte Berichtspflicht der Abschlußprüfer über die in der Berichtsperiode insgesamt angefallenen und die in zukünftigen Perioden aufgrund bestehender Vereinbarungen zu erwartenden Ertragseinbußen. Diese Pflicht zur Berichterstattung zielt primär darauf, Gefahren für die wirtschaftliche Entwicklung und den Bestand der Kreditinstitute infolge von Zinsänderungen aufzuzeigen. Gemäß § 29 Abs. 2 KWG ist der Abschlußprüfer verpflichtet, bedrohliche Zinsänderungsrisiken unverzüglich anzuzeigen.

Diese Forderung, Risiken anzuzeigen, sofern sie den Bestand eines Instituts gefährden, ist verständlich. Die hier verlangten Rechnungen, vor allem über erwartete Ertragseinbußen, werfen indessen nahezu unlösbare Probleme auf.

- Solche Ergebnisse hängen von der künftigen Zinsentwicklung ab, über die nur mehr oder weniger sichere Erwartungen bestehen.
- Die Zuordnung von Aktiv- und Passivpositionen ist nur aufgrund von Annahmen möglich, die die Wirklichkeit durchaus verfälschen können. So enthält das Rechnungswesen keine Aussagen darüber, welche langfristigen Refinanzierungsmittel welchen Aktivpositionen zuzuordnen sind. Fragen der Schichtenbilanz sind hiermit angesprochen.
- In der Regel wird eine Ertragsrechnung, die den Erfolg inkongruenter Positionen aufzeigt, positive und negative Ergebnisse aufweisen. Das kann in dem Sinne gelten, daß einzelne Aktivpositionen positive andere negative Margen bringen. Das kann aber auch bedeuten, daß eine längerfristige Position in Phasen inverser Zinsstruktur bei kongruenter Eindeckung einen Gewinn, bei aufrechterhaltener Inkongruenz aber Verluste bringt. Eine solche Rechnung müßte also auch Annahmen über die künftigen Dispositionen enthalten.
- Es wäre zudem zu klären, ob Gewinne und Verluste aus Inkongruenzen saldiert werden dürfen.

Die Auswirkungen inkongruenter Positionen auf die Erfolgsrechnung lassen sich also nur auf der Grundlage einer Anzahl von Annahmen ermitteln, deren Realitätsnähe nicht zu beurteilen ist. Zudem bilden in einigen Geschäftssparten Zinsänderungsrisiken gleichsam die Grundlage ihres Geschäftes. So erzielen der Geld- und Wertpapiereigenhandel wesentliche Teile ihrer Erträge, indem sie Fristen transformieren und Marktschwankungen ausnutzen. Insofern sollte hier die unternehmerische Aufgabe der Bankführung ungeschmälert erhalten bleiben. Zwingend ist nur, sich jederzeit über Ausmaß und mögliche extreme Wirkungen von Inkongruenzen klar zu sein.

VI. Vorsorge für Zinsänderungsrisiken?

Wenn Banken in gewissem Umfang Transformationsrisiken übernehmen, so geschieht das auch im gesamtwirtschaftlichen Interesse. Andernfalls sind diese Risiken anderen Gläubigern oder den Schuldnern aufzubürden. Für alle Alternativen, Zinsänderungsrisiken zu verteilen, finden sich vielfältige Beispiele. Das Schwergewicht, wer das Zinsänderungsrisiko übernimmt, verschiebt sich je nach herrschender Zinsstruktur und Zinserwartung. In der zweiten Hälfte der 70er Jahre, die durch wachsende Inflationsraten gekennzeichnet war, haben zum Beispiel im internationalen Geschäft die Schuldner in erheblichem Umfange Zinsänderungsrisiken übernommen. Als Instrument sind hier die Roll-over-Kredite zu nennen, deren Zins laufend dem Geldmarktsatz angepaßt wird.

Die Gefahren solcher Mechanismen sind sehr schnell deutlich geworden. Das zeigt die Diskussion um die internationale Verschuldung, die wesentlich dadurch geprägt wird, daß viele Schuldnerländer die hohen Dollarzinsen für Roll-over-Kredite nicht tragen können. Ähnliche Beispiele finden sich auch im Inlandsgeschäft. Die Überwälzung des Zinsänderungsrisikos auf die Schuldner kann deshalb keine generelle Lösung sein, zumal sie in ihrer Wirkung auf die Bonität der Kreditnehmer letztlich wiederum auf die Kreditinstitute zurückschlägt.

Es hat also durchaus einen Sinn, wenn Banken als Gläubiger gewisse Zinsänderungsrisiken übernehmen. Sie gehen damit allerdings angesichts der erratischen Zinsausschläge der jüngsten Vergangenheit nicht unbeträchtliche Risiken ein. Hieraus entstehen dann Transformationsgewinne oder -verluste, die sich in den Zinsüberschüssen der Kreditinstitute niederschlagen. Die zum Teil beträchtlichen Schwankungen in den Zinsergebnissen von Universalbanken der vergangenen Jahre finden hierin ihre Hauptursache.

Vorsorge für diese Risiken haben die Banken bisher steuerlich nicht treffen können. Zwar sind Wertpapiere des Umlaufvermögens zum Niederstwert zu bilanzieren. In dieser Bewertung kommt das Zinsänderungsrisiko aber nur begrenzt zum Ausdruck. Denn im Sinne der Ablaufbilanz richtet sich das Zinsänderungsrisiko auch nach der Refinanzierung der Papiere. So liegen Zinsänderungsrisiken nicht vor, wenn die Wertpapiere fristenkongruent mit ausreichender Marge refinanziert sind und deshalb auch unter Liquiditätsgesichtspunkten bis zur Fälligkeit durchgehalten werden können. Niederstwertabschreibungen orientieren sich dagegen ausschließlich am Börsenkurs der Wertpapiere - unabhängig von ihrer Refinanzierung.

Insofern gibt es für Zinsänderungsrisiken - soweit sie aus Wertpapieren entstehen - zwar eine Vorsorge; diese steht mit dem Zinsänderungsrisiko letztlich aber nur indirekt im Zusammenhang.

Obgleich Zinsänderungsrisiken nur schwer und auch nur aufgrund von Prämissen zu quantifizieren sind, so bleibt doch zu fragen, ob Banken hierfür Vorsorge treffen sollten. Ein Weg wäre, Transformationsgewinne, denen nach allen Erfahrungen in späteren Perioden Transformationsverluste gegenüberstehen, in gewissem Umfange in Rückstellungen zu binden. Das wäre dann etwas Ähnliches wie eine Schwankungsrückstellung in der Versicherungswirtschaft aufgrund von Schadensschwankungen. Aufgrund des Charakters der Zinsänderungsrisiken könnte eine solche Rückstellung nur auf tatsächlichen Ergebnisschwankungen basieren, die nachweislich aus Transformationsrisiken entstanden sind. Eine Rückstellung dieser Art wäre dann in folgenden Verlustperioden aufzulösen. Die Steuerausfälle aufgrund solcher Rückstellungen würden sich deshalb in Grenzen halten.

Falls sich die Zinszyklen der Vergangenheit fortsetzen, wird es den Banken zunehmend schwerfallen, Zinsänderungsrisiken zu übernehmen, wenn sie nicht die Stabilität ihrer Betriebsergebnisse gefährden wollen. Eine Rückstellung dieser Art würde es ihnen gewiß erleichtern, diese volkswirtschaftlich sinnvolle Funktion zu übernehmen.

Anlage 1

ZINSENTWICKLUNG 1963 - 1983

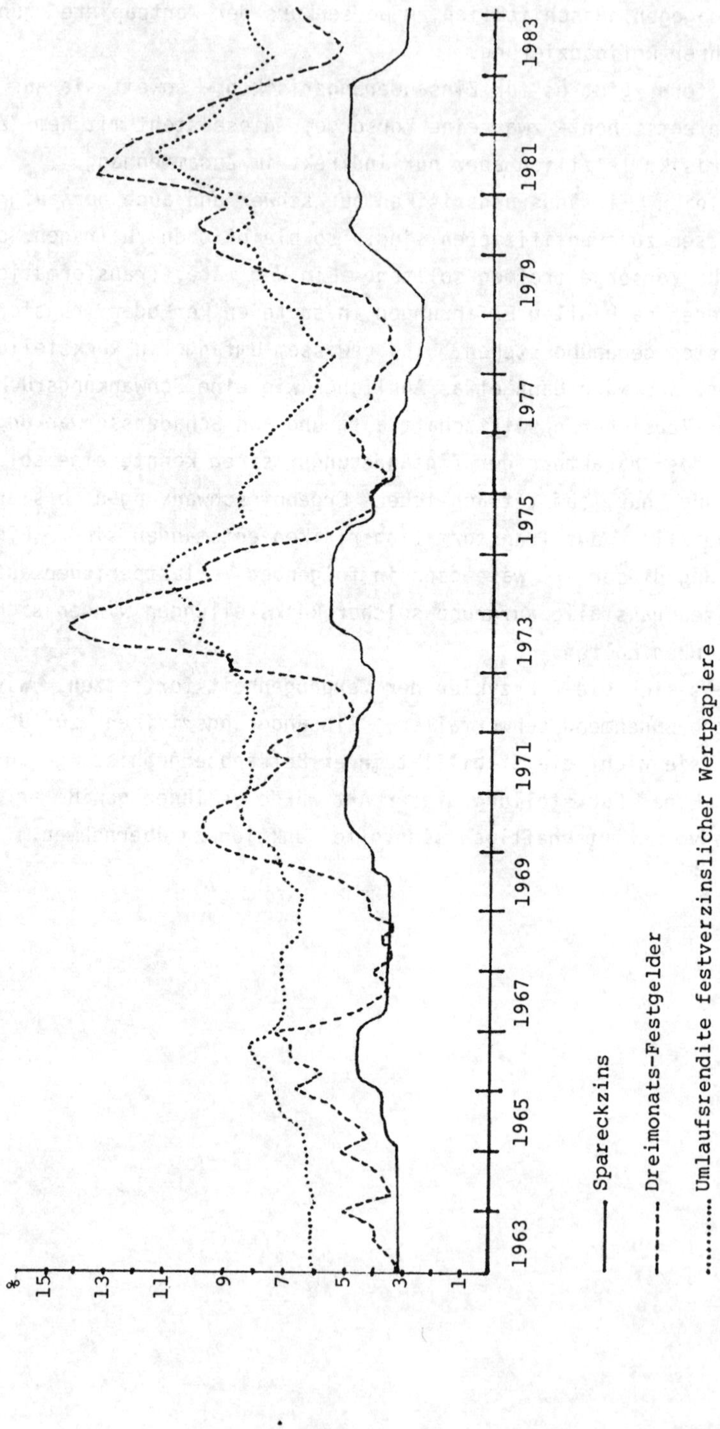

Anlage 2

A B L A U F B I L A N Z

```
**********************
*                    *
*   A B L A U F -    *
*    B I L A N Z     *
*                    *
**********************
```

```
=======================   =======================
I                     I   I                     I
I ZINSÄNDERUNGSRISIKO I   I  LIQUIDITÄTSRISIKO  I
I                     I   I                     I
=======================   =======================
```

- für Einzelinstitute
- nach Geschäftsarten
- für Währungen

Anlage 3

A B L A U F B I L A N Z

```
                                                                          ========================
                                                                          I                      I
                                                                  ------> I  ZINSÄNDERUNGSRISIKO I
**********************                                           I        I                      I
*                    *      ==============      *********************     ========================
*   STICHTAGSDATEN   *      I            I      *                   *
*        AUS         * ---> I  S O R T   I ---> *   A B L A U F -   *
*     IST-BILANZ     *      I            I      *     B I L A N Z   *
*                    *      ==============      *                   *
**********************                          *********************     ========================
                                                                 I        I                      I
                                                                  ------> I  LIQUIDITÄTSRISIKO   I
                                                                          I                      I
                                                                          ========================
```

- Tilgungsinformationen
- Zinsinformationen

pro Konto

Sortierkriterien:

- Geschäftsart
- Fälligkeitsschicht
- Zinsart (fest oder variabel)

Anlage 4

A B L A U F B I L A N Z P E R 01.01.1984 Z I N S Ä N D E R U N G S R I S I K O

	VOLUMEN AKTIVA	ZINSSATZ IN %	MARGE IN %	VOLUMEN PASSIVA	ZINSSATZ IN %	ÜBERHANG
BILANZSUMME	23000	8.50	2.00	23000	6.50	0
1.SCHICHT JAN 1984	1940	7.60	2.10	2650	5.50	-710
	21060	8.58	1.95	20350	6.63	-710
2.SCHICHT FEBR 1984	2090	9.50	3.30	2610	6.20	-520
	18970	8.48	1.79	17740	6.69	-1230
3.SCHICHT MÄRZ 1984	1560	7.00	1.00	2440	6.00	-880
	17410	8.61	1.81	15300	6.80	-2110
:	:	:	:	:	:	:
:	:	:	:	:	:	:
:	:	:	:	:	:	:
	9930	8.40	1.40	9470	7.00	-460
25.SCHICHT 1.QU.1986	430	7.50	-0.50	360	8.00	70
	9500	8.44	1.48	9110	6.96	-390
:	:	:	:	:	:	:
:	:	:	:	:	:	:
:	:	:	:	:	:	:
	5100	8.10	1.10	4700	7.00	-400
29.SCHICHT 1987	1200	8.50	0.50	1050	8.00	150
	3900	7.98	1.26	3650	6.71	-250
30.SCHICHT 1988	950	7.00	1.00	910	6.00	40
	2950	8.29	1.34	2740	6.95	-210
:	:	:	:	:	:	:

Anlage 5

Z I N S Ä N D E R U N G S R I S I K O

KUMULIERTER ÜBERHANG

SCHICHT	zum 01.01.1984	zum 01.12.1983	VERRINGERUNG (-) ERHÖHUNG (+) DES ÜBERHANGS
DEZEMBER 1983		-1200	-1200
JANUAR 1984	-710	-1510	-800
FEBRUAR 1984	-1230	-1830	-600
MÄRZ 1984	-2110	-2030	80
:	:	:	:

Anlage 6

DARSTELLUNG DES ZINSÄNDERUNGSVOLUMENS **AKTIVA**

NACH HAUPTGESCHÄFTSARTEN

		TÄGLICH FÄLLIG		TERMING. AUSLEIHG.		FESTVERZ. WERTPAP.		KREDITE SSD	ÜBRIGE
Bilanzsumme per 01.01.1984	**23000**	**530**		**4800**		**3870**		**10300**	**3500**
			kfr.	200	bis 4 J	40	kfr.	650	
			mfr.	20	üb. 4 J	130	mfr.	100	
			lfr.	30			lfr.	130	
1.SCHICHT JANUAR 1984	1940	530		250		170		880	110
	21060	**0**		**4550**		**3700**		**9420**	**3390**
			kfr.	1300	bis 4 J	0	kfr.	450	
			mfr.	50	üb. 4 J	30	mfr.	50	
			lfr.	40			lfr.	150	
2.SCHICHT FEBRUAR 1984	2090			1390		30		650	20
	18970			**3160**		**3670**		**8770**	**3370**
			kfr.	1200	bis 4 J	10	kfr.	200	
			mfr.	20	üb. 4 J	20	mfr.	70	
			lfr.	0			lfr.	40	
3.SCHICHT MÄRZ 1984	1560			1220		30		310	0
	17410			**1940**		**3640**		**8460**	**3370**
	:			:		:		:	:
	:			:		:		:	:
	9930			**240**		**2460**		**4410**	**2820**
			kfr.	0	bis 4 J	110	kfr.	0	
			mfr.	20	üb. 4 J	70	mfr.	10	
			lfr.	10			lfr.	200	
25.SCHICHT 1.QU. 1986	430			30		180		210	10
	9500			**210**		**2280**		**4200**	**2810**
	.			.		.		.	.

Das interne Rechnungswesen als Planungs- und Steuerungsinstrument

Von ERICH DREHER

Wer sich mit Planung beschäftigt, tut gut daran, sich Peachum's Lied von Bert Brecht

Ja, mach' nur einen Plan
und sei ein großes Licht
und mach' dann noch 'nen zweiten Plan
geh'n tun sie beide nicht

zu erinnern. Nicht zur Abschreckung, wohlgemerkt, sondern zum Trost.

Zu Beginn eine kurze Gliederung:

- Im ersten Teil werden einige notwendige Begriffe definiert.
- Was sind die Probleme, die Fragestellungen in den Banken heute? Diese Frage bildet den zweiten Schwerpunkt.
- Die Frage, welche Instrumente stehen zur Lösung der Probleme zur Verfügung, ist Gegenstand des dritten Teils. Theoretische Ansätze werden kurz, die Versuche der Praxis etwas ausführlicher behandelt.
- Im vierten Teil wird das Planungs- und Steuerungsmodell der Helaba vorgestellt und zwar so, daß die zugrunde liegende "Philosophie" an Beispielen verdeutlicht wird.

I. Definitionen

Unter Rechnungswesen wird die Sammlung aller numerischen Daten und deren zweckgerichtete Aufbereitung verstanden. Das Rechnungswesen soll

Daten bereitstellen, um Ergebnisse
- einer zurückliegenden Periode analysieren
- einer zukünftigen Periode steuern

zu können.

Theorie und Praxis haben für das historisch- und buchhaltungsorientierte Rechnungswesen eine Reihe von Instrumenten entwickelt, die je nach Zielsetzung differieren. Die bekanntesten Instrumente sind die Bilanz und die Gewinn- und Verlustrechnung; daneben verschiedene Formen der Kostenrechnung. Die Zweckrichtung dieser Instrumente ist primär vergangenheitsorientiert.

Obwohl jetzt genau 50 Jahre vergangen sind, seit die Rummelsche Arbeit über die Möglichkeiten einer genauen Selbstkostenrechnung im Bankgewerbe und ihre Auswirkung auf die Rentabilität erschien (siehe: Rummel, Hans, Die Möglichkeiten einer genauen Selbstkostenrechnung im Bankgewerbe und die Auswirkungen auf die Rentabilität, in: Zeitschrift für handelswissenschaftliche Forschung, 28. Jg. (1934), S. 281 - 309), hat erst in jüngerer Zeit das zukunfts- und aktionsorientierte Rechnungswesen zunehmend an Bedeutung gewonnen. Angesichts der Aufhebung der Habenzinsverordnung, des höheren Konkurrenzdruckes und der stärkeren Zinsschwankungen mit inversen Zinsstrukturen ist eine verstärkte Ausrichtung des Rechnungswesens auf die Zukunft notwendig geworden. Das Rechnungswesen muß Daten liefern, die Basis zukünftiger Entscheidungen sein können.

Unter Planung soll mit Kolbeck die "gedankliche Vorbereitung zukünftigen Geschehens im Hinblick auf die unternehmerische Zielsetzung" verstanden werden (siehe: Kolbeck, Rosemarie, Bankbetriebliche Planung, Wiesbaden 1971); unter Steuerung die "Durchsetzung und Kontrolle der Pläne, die in der Programmplanung und in der Rahmenplanung erarbeitet und beschlossen werden" (siehe: Trux, Walter/Kirsch, Werner, Strategisches Management oder Die Möglichkeit einer "wissenschaftlichen" Unternehmensführung, in: Die Betriebswirtschaft, 39. Jg. (1979), S. 215 - 235).

Planungs- und Steuerungsinstrumente müssen bestimmte Anforderungen erfüllen: Sie müssen die Daten des Rechnungswesens zu Informationen für steuerungsadäquate Entscheidungen verarbeiten können. Sie müssen zukunftsorientiert sein, und sie müssen letzten Endes zu einem Regelkreis von Planung und Kontrolle zusammengeschlossen werden können, d.h. SOLL und IST müssen vom Inhalt her kompatibel sein.

Steuerungsziele sind Risiko, Liquidität und Rentabilität. Im Rahmen dieser Ausführungen soll nichts über die Problematik von Kredit- und Währungsrisiken ausgeführt werden, ebensowenig wie über das Zinsänderungsrisiko und die Liquiditätsplanung und -steuerung. Hier kann auf Ausführungen im Rahmen dieser Vortragsreihe verwiesen werden. Damit ist das Thema auf Rentabilitätsplanung und -steuerung begrenzt.

Unter Rentabilität wird die Verzinsung des Eigenkapitals verstanden, d.h. die möglichst langfristige und nachhaltige Erwirtschaftung von Dividende, Steuern, Thesaurierungsbeiträgen und offenen bzw. stillen Reserven. Gesteuert werden kann im Wertbereich über Volumina und Margen für Mittelbeschaffung und -verwendung, aber auch über die Produktivität, also im technischen, organisatorisch-personellen Bereich.

II. Gegenwärtige Problemstellung

Im deutschen Kreditgewerbe lassen sich

- von den im Massengeschäft tätigen Filial- und Volksbanken und Sparkassen mit ihrer Saugnapffunktion auf der Passivseite und starkem Anteil des kurzfristigen Kreditgeschäfts
- die Emissionsbanken (Hypotheken- und Landesbanken) mit starkem oder ausschließlich langfristigem, festkonditioniertem Darlehensgeschäft und dessen hauptsächlicher Refinanzierung durch die Begebung von Schuldverschreibungen

unterscheiden. Auf letztere konzentrieren sich die weiteren Ausführungen.

Bei fast völliger Markttransparenz ist der Konkurrenzdruck in dieser Bankengruppe besonders stark. Das Wachstum läßt insbesondere durch die Zurückhaltung der öffentlichen Hände im Verschuldungsgebaren nach. Gleichzeitig besteht ein Wachstumszwang zur Nutzung von Kostendegressionseffekten und zum Auffangen unabwendbarer Kostensteigerungen. Zusätzlich besteht die Wachstumsbegrenzung durch administrative Maßnahmen (KWG-Novellierung). Insgesamt dürften bei abnehmenden Volumenszuwächsen und steigenden Kosten die durchsetzbaren Margen sinken.

Die Folge davon ist, daß die Institute verstärkt "dispositive Beiträge" zu erzielen trachten. Dispositive Beiträge sind Zusatzerträge aus Fristentransformation (aus Kurz mach Lang = Zinsstruktureffekt) und/oder aus dem bewußten Aufbau von Aktiv- oder Passivüberhängen in

Erwartung sinkender oder steigender Marktzinsen und dem Eindekken/Schließen dieser Positionen nach Eintritt der erwarteten Zinsveränderung (Zinsniveaueffekt). Keine Bank kann - schon weil Inkongruenzen in gewissem Umfang automatisch entstehen (nicht jede Kreditinanspruchnahme kann just im Moment des Entstehens schon refinanziert werden und umgekehrt) - auf eine Planung und Steuerung dieser Position verzichten.

III. Lösungsansätze

Zur Lösung dieser hier aufgezeigten Problematik, den gesamten ordentlichen und außerordentlichen Aufwand sowie Ausschüttung und angemessene Verstärkung der eigenen Mittel aus dem Zinsüberschuß zu decken, finden sich in der Theorie nur einige Ansätze. Zu erwähnen sind:

1. Mülhaupt: Diskussion der Goldenen Bankregel hinsichtlich der Rentabilität und Liquidität (siehe: Mülhaupt, Ludwig, Liquiditäts- und rentabilitätspolitische Aspekte der Goldenen Bankregel, in: Sparkasse, 90. Jg. (1973), S. 9 - 14);

2. Stützel: Einlegerschutzbilanz und Maximalbelastungstheorie
   - Simulation des Zerschlagungsfalles
   - Problem der objektiven Bewertung der Aktiva
   - Aufgabe der Going-concern-Prämisse

   (siehe: Stützel, Wolfgang, Bankpolitik heute und morgen, 3. Aufl. Frankfurt am Main 1983);

3. Deppe: Liquiditätssteuerungs- und Wachstumsmodell (Operations Research Modell)
   - Vorteil: Optimierung der Liquidität; Berücksichtigung der Grundsätze
   - Nachteil: Deterministisches Modell; Vernachlässigung der Rentabilität

   (siehe: Deppe, Hans-Dieter, Bankbetriebliches Wachstum, Stuttgart 1969);

4. Jacob:
   - Steuerung der Zinsspanne mittels Margenvorgaben und deren Berechnung
   - Kapitalfonds-Gedanke
     o Fristenstrukturänderungen im Kapitalfonds
     o Zinsänderungen im Kapitalfonds

   (siehe: Jacob, Adolf-Friedrich, Planung und Steuerung der Zinsspanne in Banken, in: Die Betriebswirtschaft, 38. Jg. (1978), S. 341 - 350);

5. Kolbeck: Gesamtbankplanung unter verschiedenen Zielsetzungen
   - Geschäftsbereich
   - Betriebsbereich
   - Erfolgsbereich

   (siehe: Kolbeck, Rosemarie, Bankbetriebliche Planung, Wiesbaden 1971);

6. Riebel: Deckungsbeitragsrechnung mit relativen Einzelkosten (siehe: Riebel, Paul, Einzelkosten- und Deckungsbeitragsrechnung, 4. Aufl. Wiesbaden 1982);

7. Schierenbeck sowie weitere (Flechsig, von Schimmelmann, Schlenzka): Marktzinsmethode (siehe: Schierenbeck, Henner, Bilanzstrukturmanagement in Kreditinstituten, in: Schierenbeck, H./Wielens, H. (Hrsg.), Bilanzstrukturmanagement in Kreditinstituten, Frankfurt am Main 1984, S. 9 - 28; Flechsig, Rolf/Flesch, Hans-Rudolf, Die Wertsteuerung - Ein Ansatz des operativen Controlling im Wertbereich, in: Die Bank 1982, S. 454 - 465; von Schimmelmann, Wulf, Strategische Geschäftsfeldkonzeption in Banken, in: Krümmel, H. J./ Rudolph, B. (Hrsg.), Strategische Bankplanung, Frankfurt am Main 1983, S. 165 - 181; Droste, Klaus D./Faßbender, Heino/Pauluhn, Burkhardt/Schlenzka, Peter F./von Löhneysen, Eberhard, Falsche Ergebnisinformationen - Häufige Ursache für Fehlentwicklungen in Banken, in: Die Bank 1983, S. 313 - 323);

8. Schmidt, H. und Rudolph: Durationsanalyse zur Quantifizierung des Zinsänderungsrisikos (siehe: Schmidt, Hartmut, Wege zur Ermittlung und Beurteilung der Marktzinsrisiken von Banken, in: Kredit und

Kapital 14. Jg. (1981), S. 249 - 286; Rudolph, Bernd, Zinsänderungsrisiken und die Strategie der durchschnittlichen Selbstliquidationsperiode, in: Kredit und Kapital 12. Jg. (1979), S. 181 - 206).

In der Praxis wurden folgende Steuerungsinstrumente auf der Basis des historischen Rechnungswesens angewandt:

In der Wertsphäre:

Die Schichtenbilanz als Fortentwicklung der Teilzinsspannenrechnung. Ihre Ergebnisse können zur Steuerung nicht verwendet werden, wie folgende Einwände zeigen:

- Zuordnungsproblematik der Passiv- zu den Aktivbeständen.
- Zinssätze einer Schicht können nicht als Entscheidungsgrundlage dienen, da
  - o die Daten vergangenheitsbezogen sind,
  - o der Durchschnitt vieler Einzelgeschäfte gebildet wird
  - o zwischen Alt- und Neugeschäft nicht unterschieden werden kann.

In der Betriebssphäre:

Die Kostenstellen- und -trägerrechnung ist belastet von der "Schlüssel"-Problematik der indirekten Kosten.

Die Kritik an der Brauchbarkeit der beiden Kalkulationsmodelle gilt auch für die Bedarfsspannenrechnung, die als Bindeglied zwischen Wert- und Betriebssphäre entwickelt worden ist.

Durch die Möglichkeit, Daten umfassend bereitzustellen und miteinander zu verknüpfen (Datenbank), wurden die Voraussetzungen dafür geschaffen, die mit Mängeln behafteten alten Verfahren durch neue Planungs- und Steuerungsinstrumente - zumindest teilweise - zu ersetzen. Es ist zu unterscheiden zwischen

- Gesamtbanksteuerung und
- Produktsteuerung.

Das wesentliche Instrument der Gesamtbanksteuerung ist die Ablauf- und Fristenbilanz. Vorhandene Altgeschäfte und simulierte Neugeschäfte werden hinsichtlich ihrer Zukunftswirkung untersucht. Dabei dient die Bestandsgrößenrechnung der Steuerung von Zinsänderungschancen und -risiken, die Stromgrößenbetrachtung (Tilgungs-, Auszahlungs- und Zinsströme) der Liquididitätssteuerung.

Für die Produktsteuerung hat sich das Prinzip der pretialen Lenkung, d.h. der Steuerung über den Preis, durchgesetzt. Der Preis ist die Marge, das Instrument der Steuerung die Margenvorgabe. Die Margen werden determiniert von den

- Kosten und
- Marktmöglichkeiten.

Die Kosten bestimmen die Kostenmargen, die Marktmöglichkeiten, d.h. die zu ihrer Ausnutzung getroffenen Entscheidungen, die tatsächlich erzielten Margen.

Kostenkalkulation

Die Kostenmarge (Mindestmarge) setzt sich aus drei Teilmargen zusammen:

- Kapitalkostenmargen
- Risikokostenmargen
- Betriebskostenmargen.

1. Kapitalkostenmargen

Kapitalkosten sind:
- Steuern vom Einkommen, Ertrag und Vermögen
- Rücklagenzuführungen
- Dividendenzahlungen
- Sammelwertberichtigungen.

Ihre Höhe wird bestimmt von:
- internen Parametern
  - o Wachstumsrate
  - o Dividendensatz
- externen Parametern
  - o Fremdkapitalzins
  - o Steuersätzen.

Die Verteilung der Kapitalkosten auf einzelne Produkte richtet sich nach der Höhe des im Produkt gebundenen Kapitals, d.h. nach der Grundsatz I-Wertigkeit des Produkts.

2. Risikokostenmargen

Risikokosten sind Einzelwertberichtigungen aufgrund von Kreditrisiken. Die Höhe der Kreditrisiken wird bestimmt von der Bonität
- des Kreditnehmers (übliche Risiken)

- der Branche
- des Landes (Länderrisiken).

Für die Berechnung der Risikomarge werden - z.T. in Anlehnung an Grundsatz I - Risikoklassen gebildet.

3. Betriebskostenmargen

Die Betriebskosten setzen sich zusammen aus:
- Personalkosten
- Sachkosten
- Zusatzkosten (Abschreibungen auf Sachanlagen).

Der größte Teil der Betriebskosten kann den Produkten direkt, ein kleinerer Teil indirekt zugerechnet werden.

Marktzinsrechnung

Die am Markt erzielten Margen müssen in die Beiträge der das Neugeschäft bestimmenden Entscheidungen zerlegt werden, wenn Steuerungsimpulse daraus gewonnen werden sollen. Instrument zur Ermittlung des Beitrags einzelner Entscheidungen ist die Marktzinsmethode. Nach dieser Methode ist der Marktzins eines jeden Aktiv- und Passivgeschäfts der am Abschlußtag des Geschäfts gültige Zins für das alternative Geld- oder Kapitalmarktgeschäft mit gleicher Laufzeit.

Mit Hilfe dieses Marktpreises als Verrechnungspreis kann die am Markt erzielte Marge aufgeteilt werden in:
- Marge Aktiv
- Marge Passiv
- Marge Disposition.

Die Margen Aktiv und Passiv gelten als Konditionenbeitrag der Akquisiteure bzw. Mittelbeschaffer/Händler, die Marge Disposition als Transformationsbeitrag der Disponenten.

Deckungsbeitragsrechnung

Volumina, erzielte Konditionenbeiträge (Aktiv- und Passivmargen) und Kostenmargen werden in der Deckungsbeitragsrechnung zusammengeführt; sie zeigt die Erfolgsbeiträge einzelner
- Produkte
- Geschäftsbereiche (Profitcenter)
- Kundenverbindungen.

Den Erträgen werden alle Teilkosten (Kapital-, Risiko-, Betriebskosten) gegenübergestellt, so daß die Deckungsbeitragsrechnung als Vollkostenrechnung entwickelt ist. Der Deckungsbeitrag jedes Produkts, Geschäftsbereichs oder Kunden zeigt, was von der Kostenseite notwendig, von der Marktseite möglich war. Er bestimmt damit die Höhe der Vorgaben (Volumina, Margen) und die Schwerpunkte geschäftlicher Aktivitäten.

IV. Planungs- und Steuerungsmodell der Helaba

Auf der Basis dieser Überlegungen hat die Helaba ihr Planungs- und Steuerungsmodell entwickelt. Zunächst zum Planungs- und Steuerungsprozeß:

Planung

Planungsperiode ist das Geschäftsjahr, Informationsperiode das Quartal. Im IV. Quartal werden auf der Basis der bis dann vorliegenden Ergebnisse von Kundenbereichen Volumens- und Margenerwartungen für das Planungsjahr abgegeben. Aus vorhandenem Alt- und erwartetem Neugeschäft wird eine Planbilanz und Plan-Gewinn- und Verlustrechnung für die Planungsperiode entwickelt. Im Vorstand werden - unter Beachtung volkswirtschaftlicher Prognosen über die voraussichtliche Entwicklung relevanter Daten (Zinsentwicklung) - verschiedene Ziele beraten: z.B. verstärktes Margenbewußtsein, geringeres Wachstum bei bestimmten Produkten und Kunden, stärkere Geschäftstätigkeit bei Hinnahme von Preiszugeständnissen bei anderen Produkten und Kundengruppen. Dies wird mit den Kundenbereichen besprochen. Anfang des Jahres werden Volumina, Margen und Kosten vorgegeben.

Die Volumensvorgaben beinhalten auch die Laufzeit, bei den Margen werden je Produkt Mindest- und Durchschnittsmargen vorgegeben. Die direkten Betriebskosten werden budgetiert.

Steuerung

Bevor der Steuerungsprozeß dargestellt wird, ist es notwendig, das Zustandekommen der Geschäftsdaten zu erläutern: Eine Kreditofferte wird auf der Basis des Marktpreises für laufzeitkonforme Refinanzierungsmittel abgegeben. Zum Marktpreis addiert der Kundenbetreuer die vorgegebene Marge. Der so errechnete Satz ist - wenn das Geschäft zustande kommt - der Aktivsatz.

Jeder Geschäftsabschluß wird mit Aktiv- und Marktsatz erfaßt. Am Quartalsende werden den Profitcentern Volumina, Margen, direkte Betriebskosten im Soll-Ist-Vergleich bekanntgegeben. Halbjährlich werden die erzielten Ergebnisse ausführlich diskutiert und erforderlichenfalls Vorgabenänderungen beschlossen. Wesentlich zu erwähnen ist, daß durch das Konzept der Mindest- und Durchschnittsmargen die beim einzelnen Betreuer notwendige Flexibilität gewährleistet ist.

Neben der Steuerung der Produkte, Kunden oder Profitcenter mit Hilfe von Konditionenbeiträgen erfolgt die Gesamtbanksteuerung über Dispositions- oder Transformationsbeiträge im Dispositionsausschuß. Abgesehen von Großgeschäften wird dort nicht über Einzelgeschäfte entschieden, sondern es wird der Umfang der vorzunehmenden Fristentransformation und die Größenordnung von Aktiv- und Passivvorläufen unter Abwägung der damit verbundenen Risiken und Chancen festgelegt.

Beispielrechnung

Für die im Beispiel dargestellte Modellbank sollen folgende Annahmen gelten:

- Bilanzsumme: 60 Mrd. DM
- Stammkapital und Rücklagen: 1,2 Mrd. DM
- Dividende: 5 %
- Wachstumsrate: 8 %

Kosten

- Kapitalkosten: 99 Mio DM
- Durchschnittliche Kapitalkostenmarge: 0,17 %
- Risikokosten: 85 Mio DM
- Durchschnittliche Risikokostenmarge: 0,14 %
- Betriebskosten: 260 Mio DM
- Durchschnittliche Betriebskostenmarge: 0,43 %
- Gesamtkosten: 444 Mio DM
- Durchschnittliche Gesamtkostenmarge: 0,74 %

(s. Anlage 1 und 2, S. 105/106)

Um Mißverständnisse zu vermeiden, sei darauf hingewiesen, daß in den Kapitalkosten auch Gewinne enthalten sind, d.h. Dividendenzahlungen und Rücklagenzuführungen werden hier als Kosten bezeichnet.

Die Kapitalkosten von 99 Mio DM (Anlage 1, S. 105) müssen als jährliche Mehrkosten des Eigenkapitals gegenüber langfristigem Fremdkapital interpretiert werden.

Die jährlichen Risikokosten von 85 Mio DM setzen sich überwiegend aus Einzelwertberichtigungen zusammen. Sie sind als an der Vergangenheit orientiert anzusehen mit Zu- bzw. Abschlägen für das laufende Jahr.

Die Betriebskosten seien auf 160 Mio DM Personalkosten und 100 Mio DM Sachkosten einschließlich Abschreibungen auf Sachanlagen verteilt.

<u>Kostenkalkulation</u>

In Anlage 1 (S. 105) ist die Höhe und die Zusammensetzung der Kosten dargestellt. Die Verteilung der Kosten und die Berechnung der Kostenmargen für die Modellbank kann anhand der Anlage 2 (S. 106) gezeigt werden.

Die Höhe der von den einzelnen Produkten zu tragenden Kapitalkosten wird ausschließlich von der Grundsatz I-Wertigkeit des Produktes bestimmt. Produkte, die den Grundsatz I mit 100 % belasten, tragen die volle Kapitalkostenmarge, Produkte mit einer 50 %-igen Grundsatz I-Belastung die Hälfte, Produkte mit einer 20 %-igen Grundsatz I-Belastung nur ein Fünftel der Kapitalkostenmarge (vgl. Anlage 2, S. 106, Spalte 5 der Tabelle).

Die Verteilung der Risikokosten erfolgt ebenfalls in Anlehnung an die Grundsatz I-Wertigkeit der Produkte. Darüber hinaus werden aber Risikozu- oder -abschläge berechnet, z.B. im Auslandsgeschäft pro Land. Eine Risikoklassifizierung für jeden einzelnen Kunden ist in dem hier vorliegenden Beispiel nicht durchgeführt worden.

Bei der Verteilung der Betriebskosten auf die einzelnen Produkte ist zu unterscheiden zwischen den einem Produkt direkt zurechenbaren und den nicht direkt zurechenbaren (indirekten) Kosten. Die direkt zurechenbaren Kosten werden wie üblich mit Hilfe der Kostenrechnung den Produkten zugerechnet; die Verteilung der indirekten Kosten erfolgt in diesem Beispiel mit Hilfe eines Zuschlagssatzes von ca. 30 % auf die direkten Kosten.

Die Gesamtkosten bzw. die Gesamtkostenmargen je Produkt ergeben sich als Summe über die Einzelkosten bzw. die Einzelkostenmargen je Produkt (Anlage 2, S. 106, Spalte 12 und 13 der Tabelle).

Preis

Eine Bank kann nur über das Neugeschäft gesteuert werden. Das wirft für die Kalkulation des Preises und die Festlegung der Preisuntergrenzen (Mindestmargen) die Frage auf, ob die in Anlage 2 (S. 106) ermittelten durchschnittlichen Kostenmargen für die Preiskalkulation eines einzelnen Neugeschäfts verwendet werden können.

Im hier dargestellten Beispiel ist dies der Fall, weil

- durch den Faktor 18 im Grundsatz I Proportionalität zwischen Kapital und Beständen vorgeschrieben ist und
- die Proportionalität zwischen Risikokosten und Beständen bzw. Betriebskosten und Beständen unterstellt wird.

In der Modellrechnung wird also vom Prinzip Grenzkosten = Durchschnittskosten ausgegangen. Soweit dies in der Wirklickeit nicht der Fall ist, können Besonderheiten bei den Risikokosten bzw. nicht bestehende Kapazitätsauslastung im Betriebsbereich durch Spezialrechnungen oder durch entsprechende Festlegung von Preisuntergrenzen berücksichtigt werden.

Marktzins- und Deckungsbeitragsrechnung

Wenn die Kundenbetreuer erfolgreich waren, d.h. die Kundengespräche zu Geschäftsabschlüssen führten, dann stellen sich folgende Fragen:

- Wie hoch ist die im Neugeschäft erzielte Marge?
- Welche Entscheidungen haben mit welchem Erfolg zur Marge beigetragen?
- Wie hoch ist die Ertragskraft der heute getätigten Neugeschäfte in der Zukunft, d.h. können die erzielten Margen die von der Kostenseite notwendigen Margen über die gesamte Laufzeit der Neugeschäfte decken?

Diese Fragen werden mit Hilfe der Tabelle in Anlage 3 (S. 107) zu beantworten versucht.

1. Aufteilung der erzielten Marge (Anlage 3, S. 107, Spalten 1 bis 4 der Tabelle)

Im vorangegangenen Kapitel III. wurden die Marktzins- und Deckungsbeitragsrechnung grob skizziert. Einzelne Rechenschritte können anhand dieses Beispiels ausführlicher dargestellt werden.

Die im Neugeschäft erzielte Gesamtmarge wird in der Nachkalkulation aller Produkte verursachungsgerecht aufgeteilt in

- den Konditionenbeitrag der Akquisition (Marge Aktiv)
- den Konditionenbeitrag der Mittelbeschaffung (Marge Passiv)
- den Transformationsbeitrag der Disposition (Marge Disposition).

Die Margen Aktiv und Passiv werden für jedes einzelne Aktiv- bzw. Passivgeschäft errechnet. Die Marge Aktiv ergibt sich als Differenz zwischen dem Effektivzins des Aktivgeschäfts und dem Marktsatz dieses Aktivgeschäfts. Die Marge Passiv wird errechnet als Differenz zwischen dem Marktsatz des Passivgeschäfts und dem Effektivzins des Passivgeschäfts (Beschaffungspreis).

Die in Anlage 3 (S. 107), Spalte 4 der Tabelle, ausgewiesenen Margen sind Durchschnittsmargen über alle Geschäfte bzw. verkauften Produkte eines Kundenbereichs, wobei mit dem Abschlußvolumen und der Laufzeit gewichtet wurde.

Die Berechnung des Transformationsbeitrags der Disposition ist etwas komplizierter. Die Marge Disposition ist definiert als Differenz zwischen Marktsätzen. Sie setzt sich aus

- Zinsstrukturkomponente und
- Zinsniveaukomponente

zusammen.

Die Zinsstrukturkomponente ergibt sich bei nicht laufzeitgerechter Refinanzierung. Hier werden die unterschiedlichen Zinshöhen zwischen kurzen und langen Laufzeiten ausgenutzt. Bei normaler Zinsstruktur sind die Sätze für kurze Laufzeiten niedriger als die für lange Laufzeiten (umgekehrt bei inverser Zinsstruktur).

Die Zinsniveaukomponente ergibt sich bei laufzeitgerechter Refinanzierung. Hier wird die zeitliche Veränderung des Zinsniveaus ausgenutzt. Bei erwarteten Zinssenkungen werden Kredite ausgelegt, aber nicht sofort refinanziert; bei erwarteten Zinssteigerungen werden Passivmittel hereingenommen, aber nicht sofort als Kredite ausgelegt.

Beides drückt sich in unterschiedlichen Marktsätzen aus, die sich ergeben, wenn Aktiv- und Passivgeschäfte

- unterschiedlicher Laufzeiten zum gleichen Zeitpunkt (Zinsstrukturkomponente)
- gleicher Laufzeit zu unterschiedlichen Zeitpunkten (Zinsniveaukomponente)

getätigt werden.

Die in Anlage 3 (S.107), Spalte 4 der Tabelle, ausgewiesene Marge

Disposition von ./. 0,20 % kann also dadurch entstanden sein, daß z.B. 4-jährige Kredite 1 Jahr lang kurzfristig anfinanziert wurden und dabei eine Zusatzmarge von 0,40 % entstand (Zinsstruktureffekt). Wenn aber in dieser Zeit das Zinsniveau für Mittel zur Refinanzierung der Restlaufzeit von 3 Jahren um 0,40 % stieg, ergibt sich am Ende des Jahres eine Minusmarge von jährlich 0,40 % über die Restlaufzeit von 3 Jahren (Zinsniveaukomponente).

Der positive Effekt der Anfinanzierung (+ 0,40 % für 1 Jahr) wird überkompensiert von der negativen Wirkung des gestiegenen Zinsniveaus (3 Jahre mit jährlich ./. 0,40 % = ./. 1,20 %), so daß der Transformationsbeitrag insgesamt minus 0,20 % (./. 0,80 %/4) beträgt.

Dieses Ergebnis gilt unabhängig davon, ob nach dem Jahr der Anfinanzierung die Position für die Restlaufzeit geschlossen wird oder nicht. Die "Qualität" des Ergebnisses ist jedoch unterschiedlich zu bewerten: wird die Position geschlossen, ist das Ergebnis endgültig, wird die Position offen gehalten, können durch Entscheidungen der Zukunft Veränderungen des Ergebnisses in der einen oder anderen Richtung bewirkt werden.

2. Ermittlung der Deckungsbeiträge (Anlage 3, S. 107, Spalten 5 - 11 der Tabelle)

Den erzielten Konditionenbeiträgen der einzelnen Kundenbereiche (Margen Aktiv) werden die Kostenmargen in folgender Reihenfolge gegenübergestellt:

- Kapitalkosten
- Risikokosten
- direkte Betriebskosten
- indirekte Betriebskosten:

Nach jeder Kosten- bzw. Teilkostenart wird ein Deckungsbeitrag als Differenz zwischen erzielter Marge und Kostenmarge errechnet (Deckungsbeiträge I bis III).

In welcher Reihenfolge die Kosten betrachtet werden, wird vom verfolgten Ziel bestimmt. So können im Zusammenhang mit der einzelgeschäftlichen Kalkulation, d.h. bei der Bestimmung von Preisuntergrenzen, die Kosten auch in einer anderen Reihenfolge gesehen werden.

Im hier vorgestellten Falle könnten z.B. beim Kundenbereich 2 die Kapital- und Risikokosten (0,46 %) die Preisuntergrenze bestimmen, andererseits könnten aber auch die direkten Betriebskosten (0,39 %) der Festlegung der Preisuntergrenze dienen. Die Frage, welche Kosten vor oder hinter dem Deckungsbeitrag I stehen sollen, ist zweckmäßigerweise von Geschäft zu Geschäft unterschiedlich zu beantworten. Wichtig ist nur, daß mittelfristig die Kosten insgesamt gedeckt werden.

Es ergibt sich nun die Frage, welche speziell der Steuerung dienenden Informationen der Anlage 3 (S. 107) entnommen und in welchem Umfang die zu Beginn dieses Kapitels gestellten Fragen beantwortet werden können.

Die Tabelle in Anlage 3 (S.107) zeigt folgendes:

- Obwohl der Kundenbereich 1 nur eine Marge von 0,25 % erzielt, erreicht er als einziger einen positiven Deckungsbeitrag III.
- Der Kundenbereich 5 dagegen erzielt zwar eine Marge von 1,2 %, aber außer den Kapital- und Risikokosten wird nur ein kleiner Teil der Betriebskosten gedeckt.
- Daraus läßt sich folgern, gute Geschäfte sind nicht Geschäfte mit hohen Margen, sondern mit hohen Deckungsbeiträgen.
- Der Konditionenbeitrag aller Kundenbereiche, d.h. die auf der Basis des fristenkongruenten Einstandssatzes errechnete Marge Aktiv reicht nicht aus, die Kosten zu decken.
- Dieser Fehlbetrag müßte durch die Marge Passiv und die Marge Disposition ausgeglichen werden. Die Marge Passiv ist durch günstige Mitteleinkäufe positiv, die Marge Disposition dagegen vergrößert noch die Unterdeckung, da aufgrund einer Fehleinschätzung der Zinsentwicklung Verluste im Transformationsbeitrag hingenommen werden mußten.

Das sind zwar interessante Informationen, die aber dem Vorstand einer Bank zur Weichenstellung und damit zur Steuerung noch nicht genügen können. Erst wenn die Neugeschäfte mehrerer Jahre nach dem vorliegenden Verfahren analysiert sind, können geschäftspolitische Überlegungen angestellt werden. Dies setzt voraus, daß die Ergebnisse

- aktuell
- gesichert
- differenziert

vorliegen müssen, damit eine ständige Überprüfung der geschäftspolitischen Ziele erfolgen kann. Es muß sich also über mehrere Jahre zeigen, ob immer die gleichen Kundenbereiche positive bzw. negative Deckungsbeiträge erzielen.

Erst nach 4 oder 5 Jahren ließe sich auch ermitteln, ob der negative Dispositionsbeitrag eines Jahres Ausrutscher oder Regelfall war, wie hoch der Transformationsbeitrag erfahrungsgemäß ist und mit welcher Wahrscheinlichkeit ein durch den Konditionenbeitrag der Kundenbereiche nicht gedeckter Kostenanteil von der Marge Passiv und/oder der Marge Disposition aufgefangen werden kann.

Steuern heißt also fünf Fragen beantworten zu können:

- wer erzielt
- mit welchen Produkten
- bei welchen Kunden
- welche Deckungsbeiträge
- mit welcher Nachhaltigkeit?

3. Kompatibilität mit dem Rechnungswesen

Das traditionelle, auf buchhalterische Notwendigkeiten ausgerichtete Rechnungswesen liefert auch heute noch nicht alle die Informationen, die zum Einsatz der beschriebenen Steuerungsinstrumente notwendig sind. Damit kein zweites offizielles oder neben dem offiziellen ein inoffizielles Rechnungswesen entsteht, ist es notwendig, die Steuerungsinstrumente so aufzubauen, daß die Ergebnisse zwar nicht gleich, aber kompatibel zu den aus dem traditionellen Rechnungswesen ermittelten Ergebnissen sind.

Die Analyse des Neugeschäfts mehrerer Jahre in der oben beschriebenen Form würde es ermöglichen, die im Jahresabschluß mit Hilfe der Gewinn- und Verlustrechnung ermittelten Ergebnisse nicht nur in Konditionen- und Transformationsbeiträge aufzuteilen, sondern sie darüber hinaus den Neugeschäften des laufenden Jahres und der vorangegangenen Jahre zuzuordnen. Dies hätte zur Steuerung den entscheidenden Vorteil, daß nicht nur Erfolge und Mißerfolge der Vergangenheit transparent gemacht und damit veursachungsgerecht zugeordnet werden könnten, sondern daß vor allem ersichtlich ist, wie lange und mit welcher Stärke Neugeschäfte noch positive bzw. negative Beiträge in Zukunft erbringen.

In Anlage 4 (S.108) ist dies am Beispiel eines fiktiven Zinsüberschusses dargestellt. Der gesamte am Jahresabschluß 1984 in der Gewinn- und Verlustrechnung ausgewiesene Zinsüberschuß von 553 Mio DM (Anlage 4, S.108, Spalte 7 der Tabelle) ist auf die Erfolgsbeiträge aus Neugeschäften vorausgegangener Jahre zerlegt. Für die Steuerung sind folgende Informationen wichtig:

- Die Ertragsschwäche des Neugeschäfts 1984 wird von der Ertragsstärke der Neugeschäfte der vorangegangenen Jahre überkompensiert, so daß aufgrund des Gewinn- und Verlustrechnungs-Ergebnisses von einem guten Jahr 1984 gesprochen werden könnte (553 Mio DM Zinsüberschuß decken Kapital-, Risiko- und Betriebskosten von 470 Mio DM, vgl. Anlage 3, S. 107, letzte Zeile der Tabelle).
- Aus dem Neugeschäft des Jahres 1984 sind in den Jahren 1985 bis 1988 negative Transformationsbeiträge von 82 Mio DM (122 Mio DM ./. 40 Mio DM) zu verkraften.
- Die Neugeschäfte der Jahre 1985 bis 1988 müssen von besserer Ertragsqualität als die des Jahres 1984 sein (vor allem hinsichtlich des Transformationsbeitrages), wenn Kapital-, Risiko- und Betriebskosten des Jahres 1988 gedeckt werden sollen.

Das in Anlage 4 (S. 108) dargestellte Beispiel bezieht sich auf die Gesamtbank. In der gleichen Form - allerdings ohne Zurechnung des Transformationsbeitrages - können Konditionen- und Deckungsbeiträge für Profitcenter, Produktgruppen, Kundengruppen, einzelne Produkte und einzelne Kunden dargestellt werden.

Ein solches System bezeichnet die Bank als Steuerungssystem, weil es den an ein solches Instrumentarium gestellten Anforderungen genügt. Es ist

- zukunftsbezogen, weil es die Ertragskraft der heute getätigten Neugeschäfte in der Zukunft zeigt,
- operational, weil die Ergebnisbeiträge auf Profitcenter, Produkte und Kunden, d.h. auf die Ebenen der eigentlichen Handlungs- und Geschäftstätigkeit aufgebrochen werden können,
- entscheidungs- und verantwortungsbezogen, weil zwischen den Konditionenbeiträgen der Akquisiteure, den Konditionenbeiträgen der Händler und den Transformationsbeiträgen der Disponenten unterschieden werden kann,
- geschlossen, weil Kompatibilität zwischen Soll- und Istwerten, d.h. zwischen Vorgaben und Ergebnissen besteht und die Zerlegung des Jahresabschlußergebnisses in die Ergebnisbeiträge steuerbarer Neugeschäfte möglich ist.

Seit einigen Jahren werden in der Helaba die Neugeschäfte in der in Anlage 3 (S. 107) dargestellten Form analysiert. Im Jahre 1979 wurde erstmals das festkonditionierte Geschäft, in den Folgejahren auch die meisten anderen Produkte in die Neugeschäftsanalyse einbezogen. Die Anzahl der Jahre ist aber noch nicht ausreichend, um z.B. das in Anlage 4 (S. 108) dargestellte Verfahren zu praktizieren und die Jahresabschlußergebnisse vollständig in Neugeschäftsergebnisse vorangegangener Jahre zu zerlegen.

Es ist deshalb sinnvoll, die bekannten Verfahren der Zinsertragsbilanz und der Teilzinsspannenrechnung weiter fortzuführen, auch um Betriebs- und Zeitvergleiche anstellen zu können. Insofern besteht ein gewisser Zwang, alte Instrumente nicht über Bord zu werfen.

Die Helaba setzt also eine Kombination von alten und neuen Steuerungsinstrumenten ein. Die dabei auftretenden Schwierigkeiten, Steuerungsinformationen aus dem internen Rechnungswesen zu gewinnen, werden durch die moderne EDV zwar gemildert, aber nicht restlos beseitigt. Dies ist ein nicht zu vernachlässigender Teil praktischer Schwierigkeiten, der den vollständigen Einsatz neuer Instrumentarien nicht unwesentlich erschwert.

Kapital-, Risiko- und Betriebskosten der Bank *Anlage 1*

Art der Kosten	Kosten Mio DM
Kapitalkosten	
- Dividende (5 % von 500 Mio DM Stammkapital)	25
- Rücklagenzuführung (8 % Wachstum bei 600 Mio DM Rücklagen)	48
- Bildung von Sammelwertberichtigungen (entsprechend 8 % Wachstum)	8
- gewinnabhängige Steuern (Körperschaft- und Gewerbeertragsteuer)	100
- gewinnunabhängige Steuern (Vermögen- und Gewerbekapitalsteuer)	20
Ersparte Fremdkapitalzinsen (8,5 % von 1.200 Mio DM; 500 Mio Stammkap. + 600 Mio Rücklagen + 100 Mio Sammelwertberichtigungen)	- 102
Summe Kapitalkosten	99

Risikokosten	
- Einzelwertberichtigungen	80
- Einlagensicherungsfond	5
Summe Risikokosten	85

Betriebskosten	
- direkte	200
- indirekte	60
Summe Betriebskosten	260

Gesamtkosten	444

Kalkulation von Kostenmargen

Anlage 2

Produkte	Grund-satz-I-Belas-tung	Durch-schnitts-bestände	Kapitalkosten		Risikokosten		Betriebskosten				Gesamtkosten (Vollkostenmarge)	
							direkt	indirekt	Gesamt			
	%	Mio DM	9 TDM	%	TDM	%	TDM	TDM	TDM	%	TDM	%
1	2	3	4	5	6	7	8	9	10	11	12	13
Forderungen Banken												
- inländische	20	8.000	9.300	0,12	7.000	0,09	26.000	9.000	35.000	0,44	51.300	0,64
- ausländische	50	2.000					7.000	2.000	9.000	0,45		
Forderungen Kunden												
- Kommunalkredite	–											
- öffentlich verbürgte, grundpfandrechtl. gesich.	50	9.000	26.000	0,29	20.000	0,22	46.000	15.000	61.000	0,68	107.000	1,19
- sonstige Kredite	100	8.800	50.900	0,58	46.000	0,52	57.000	19.000	76.000	0,86	172.900	1,96
Eventualforderungen												
- inländische Nichtbanken und Ausland	50	2.000	5.800	0,29	4.500	0,23	8.000	2.700	10.700	0,54	21.000	1,05
- inländische Banken	20											
Kreditgeschäft (Zwischensumme)												
Wertpapiere, Schatzwechsel	–											
Durchlaufende Kredite	–											
sonstige Aktiva	–											
Geschäftsvolumen	(33)	60.000	99.000	0,17	85.000	0,14	200.000	60.000	260.000	0,43	444.000	0,74

Anlage 3

Marktzins- und Deckungsbeitragsrechnung des Neugeschäfts

- Margen/Kosten/Deckungsbeiträge in % der laufzeitgewichteten Abschlüsse -

	Neugeschäft		Erzielte Marge	Kapitalkosten	Risikokosten	Deckungsbeitrag I	direkte Betriebskosten	Deckungsbeitrag II	indirekte Betriebskosten	Deckungsbeitrag III
	Abschlüsse	Abschluß x Laufzeit								
	Mio DM	Mio DM	%	%	%	%	%	%	%	%
1	2	3	4	5	6	7	8	9	10	11
1. Konditionenbeitrag (Marge Aktiv)										
Kundenbereiche										
1	7.000	25.000	0,25	0,03	-	0,22	0,15	+ 0,07	0,05	+ 0,02
2	3.000	18.000	0,80	0,26	0,20	0,34	0,39	- 0,05	0,13	- 0,18
4	1.000	5.000	0,45	0,11	0,08	0,26	0,20	+ 0,06	0,06	0,00
5	1.000	6.000	1,20	0,45	0,52	0,23	0,84	- 0,61	0,29	- 0,90
Kundenbereiche Gesamt	14.000	61.000	0,59	0,18	0,15	0,26	0,33	- 0,08	0,11	- 0,19
2. Konditionenbeitrag (Marge Passiv)		(61.000)	+ 0,04							+ 0,04
3. Transformationsbeitrag (Marge Disposition)		(61.000)	- 0,20							- 0,20
Gesamt	14.000	61.000	0,43	0,18	0,15	0,10	0,33	- 0,23	0,11	- 0,35

Gesamt in Mio DM	14.000	61.000	262	110	92	61	201	- 140	67	- 207

Ertragswirksamkeit des Neugeschäfts - Mio DM -

Anlage 4

	Abschluß-jahr	Jahr der Ertragswirksamkeit									Gesamt
		1980	1981	1982	1983	1984	1985	1986	1987	1988	
1	2	3	4	5	6	7	8	9	10	11	12
1. Konditionenbeitrag	1980	140	130	110	100	92					
(Marge Aktiv)	1981		120	110	95	90	80				
	1982			130	110	99	99	90			
	1983				100	76	75	70	47		
	1984					105	95	80	58	22	360
	80/84	.	.	.	.	462	.	.	.	.	.
2. Konditionenbeitrag	1980	12	10	9	8	6					
(Marge Passiv)	1981		9	8	6	5	0				
	1982			6	5	4	3	0			
	1983				6	4	3	2	1		
	1984					7	6	5	4	2	24
	80/84	.	.	.	.	26	.	.	.	.	.
3. Transformations-beitrag	1980	50	40	35	30	28					
(Marge Disposition)	1981		10	9	8	5	4				
	1982			90	80	72	58	10			
	1983				0	0	0	0	0		
	1984					- 40	- 38	- 25	- 15	- 4	- 122
	80/84	.	.	.	.	65	.	.	.	.	.
Gesamt	1980	180	160	150	130	126					
	1981		150	140	120	100	84				
	1982			180	180	175	160	100			
	1983				110	80	78	72	48		
	1984					72	63	60	47	20	262
	80/84	.	.	.	.	553	.	.	.	.	.

Die Bankenstatistik der Deutschen Bundesbank - Informationsmittel und analytisches Instrument

Von DR. DRS. H. C. HELMUT SCHLESINGER

I.

Der Aufforderung, anläßlich des neu eingerichteten Bankwirtschaftlichen Kolloquiums zu sprechen, bin ich gerne nachgekommen. Zum einen fühle ich mich dem Fachbereich Wirtschaftswissenschaften dieser Universität besonders verbunden, zum anderen freut es mich, daß die Organisatoren des Kolloquiums Interesse an einem Thema bekunden - der Bankenstatistik und ihrem Wert für Informationen und Analyse -, von dem wir in der Bundesbank oft glauben, dies sei nur für uns von Bedeutung, und alle übrigen fänden diesen Gegenstand eher lästig. Tatsächlich erscheint diese Statistik nur als ein spröder Gegenstand, und ich wage zu behaupten, wer sie einigermaßen verstanden hat und zu lesen weiß, der hat auch viel über das Funktionieren des Bank- und Geldwesens sowie der Geldpolitik begriffen. Denn mit dieser Statistik wird nichts weniger versucht, als die abstrakten Vorgänge der Geld- und Kreditschöpfung sichtbar zu machen - dies immer mit dem Vorbehalt, der für jede Wirtschaftsstatistik gilt, daß sie nur eine Annäherung an die wirtschaftliche Wirklichkeit anstreben kann, diese aber nie vollkommen widerspiegeln wird. Lassen Sie mich zunächst mit den Grundlagen dieser Statistik beginnen und dann ihren Wert für die Geldpolitik wie auch für die Bankwirtschaft selbst darstellen.

1. Rechtsgrundlage und Funktion der Bankenstatistik

Die Rechtsgrundlage für die Bankenstatistik findet sich in § 18 des Bundesbankgesetzes. Und dieser Paragraph steht bezeichnenderweise in dem Abschnitt "Währungspolitische Befugnisse der Deutschen Bundesbank". Der Gesetzgeber ermächtigt damit die Bundesbank, "zur Erfüllung ihrer Aufgaben Statistiken auf dem Gebiet des Bank- und Geldwesens bei allen Kreditinstituten anzuordnen und durchzuführen". Beides ist ungewöhnlich. Normalerweise muß eine Statistik durch ein besonderes Gesetz angeordnet werden; die Bundesbank hat eine - natürlich sachlich begrenzte - Dauerermächtigung. Diese Ermächtigung gehört mit zu den geldpolitischen Befugnissen wie Banknoten auszugeben und kreditpolitische Regelungen treffen zu können. Letzteres durchaus mit Recht, denn die Bundesbank bedarf für ihre währungs- und geldpolitischen Entscheidungen statistischer Informationen über die Entwicklung auf dem Gebiet des Bank- und Geldwesens.

Das Verständnis dafür, daß eine Zentralbank ein statistisches Instrumentarium braucht, hat sich in dem Maße durchgesetzt, wie es klar wurde, daß eine Notenbank im System einer Papierwährung zu diskretionärer Politik gezwungen ist und also Unterlagen für solche fallweisen Entscheidungen, wie Änderung der Zinssätze usw., benötigt. Erstmals bei der Errichtung der Bank deutscher Länder im Jahre 1948 wurde eine generelle Meldepflicht für Banken eingeführt. Der Deutschen Reichsbank waren zwar Zwischenausweise einzureichen, doch lag hier der Gedanke an eine Statistik als Hilfsinstrument der Währungspolitik noch fern. Diese Zwischenausweise sollten der Beobachtung von Einzelinstituten im Rahmen der Bankenaufsicht dienen.

Auch heute sind die Bestimmungen über die statistischen Befugnisse der Notenbank (§ 18 des Bundesbankgesetzes) mit der Bestimmung über die Einreichung von Monatsausweisen für bankenaufsichtliche Zwecke gekoppelt. Es heißt in § 25 des Kreditwesengesetzes (von 1961): "Werden nach § 18 des Gesetzes über die Deutsche Bundesbank monatliche Bilanzstatistiken durchgeführt, so gelten die hierzu einzureichenden Meldungen auch als Monatsausweise (für die Bankenaufsicht)." Aus der primären Verankerung im Bundesbankgesetz geht hervor, daß das Schwergewicht bei der währungspolitischen Funktion liegt. Die eigene Befugnis der Bundesbank, Statistiken anzuordnen, gibt ihr eine größere Beweglichkeit, auf neue Fragestellungen zu reagieren. In der Tat machen wir davon wenig Gebrauch, denn jede Änderung stünde im Konflikt mit einem wichtigen Prinzip der Wirtschaftsstatistik, dem der Kontinuität. Ohne sie verlören statistische Reihen schnell ihren Aussagewert, der sich oft erst aus dem Zeitvergleich erschließt.

2. Gegenstand und Quelle der Erhebung

Welcher Art sind nun die statistischen Meldungen, die die Bundesbank von den Banken verlangt? Die Grunddaten stellen die Zahlen der Monatlichen Bilanzstatistik dar, die, wie der Name sagt, in Form einer Monatsbilanz erhoben wird. Sie steht in der Gliederung und Abgrenzung der Positionen der Jahresbilanz sehr nahe. Die Banken können daher bei der Erstellung der monatlichen Meldungen direkt an ihre Buchhaltung anknüpfen, die ja auf die Belange der Jahresbilanz ausgerichtet ist. Dies gilt auch für solche Institute wie die Hypothekenbanken, für die zwar ein spezielles Jahresbilanzformblatt vorgeschrieben ist, dessen Positionen sich aber ohne Schwierigkeiten in das allgemeine Bilanzschema einpassen lassen. Von allen Banken werden daher die Zahlen nach einem einheitlichen Meldebogen erhoben (Anlage 2, S. 126/127).

Die Möglichkeit, statistische Daten aus den Buchhaltungswerten abzuleiten, ist aus zwei Gründen sehr wichtig: Zum einen wird den Kreditinstituten dadurch das Ausfüllen der statistischen Meldebogen erleichtert, zum anderen hat die Bundesbank eine gewisse Garantie dafür, daß die Daten richtig sind; denn die Buchhaltung wird von den Banken ohnehin auf Stand gehalten, auch wenn es keine Statistik gäbe, und die Bilanzform bürgt für ein in sich stimmendes Zahlenwerk, jedenfalls in formaler Hinsicht; materiell - hinsichtlich der Bewertung von Aktiva und Passiva - ist natürlich der Monatsausweis nicht besser als die Jahresbilanz.

Von der Jahresbilanz unterscheidet sich die Monatliche Bilanzstatistik vielmehr dadurch, daß es keine Neubewertung zum Monatsende gibt, sondern daß der Stand der Bücher am Meldestichtag maßgebend ist. In diesem Punkt weicht auch die statistische Meldung für den Stand Ende Dezember von der Jahresbilanz ab. Es wäre schon zeitlich gar nicht möglich, Abschlußbuchungen wie Abschreibungen auf Forderungen, Rückstellungen für Risiken noch in die statistische Meldung für Dezember einzubeziehen, da sie - wie auch die Meldungen für die anderen Monate des Jahres - am 5. Geschäftstag nach dem Stichtag einzureichen ist. Der Termin für die Jahresbilanz, die der Bundesbank gesondert einzureichen ist, liegt erst drei Monate später.

Hier gibt es ein Problem der Verknüpfung. Bestandsänderungen im Zusammenhang mit der Aufstellung der Jahresbilanz, wie z. B. Bewertungskorrekturen von Forderungen und Wertpapieren, gehen zwar nur einmal im Jahr in die Bilanzstatistik ein; der Zeitpunkt aber schwankt zwischen Dezember bis März. Gerade in den beiden letzten Jahren haben die Wertberichtigungen und Abschreibungen auf In- und Auslandsforderungen eine große Bedeutung erlangt; schätzungsweise wurden 1982 Korrekturen in Höhe von rd. 10 Mrd. DM und 1983 von rd. 9 Mrd. DM vorgenommen. Wenn die Jahresbilanz vorliegt, weisen die einzelnen statistischen Positionen nicht etwa einen Nominalwert aus, sondern den um Bewertungsänderungen verminderten Wert. Bewertungsänderungen gibt es in der Buchhaltung der Banken allerdings auch während des Jahres, insbesondere bei den Fremdwährungsforderungen und -verbindlichkeiten. Um solche Bewertungsänderungen von den Zu- oder Abgängen der Aktiva und Passiva aufgrund neuer Geschäfte zu trennen, wird versucht, ihren Umfang zu ermitteln und den Betrag aus den statistischen Veränderungsreihen auszuschalten. Mit anderen Worten: die Absicht ist, als Veränderung den Netto-Strom an Krediten usw. darzustellen und nicht ein "compositum mixtum" aus Bestandsgrößenveränderung und Bewertungseinfluß.

Die Information über den monatlichen Stand der Bilanzpositionen reicht jedoch für analytische Zwecke nicht aus. Zusätzlich werden Angaben über die Herkunft und die Verwendung der Mittel benötigt. In den Anlagen zur Bilanzstatistik werden daher die Forderungen und Verbindlichkeiten sowie die Wertpapiere nach Wirtschaftssektoren der Schuldner und Gläubiger, nach der ursprünglich vereinbarten Fristigkeit und nach Arten untergliedert. Anlage 4 (S. 129) läßt diese Erweiterung erkennen.

In Anlehnung an die Volkswirtschaftlichen Gesamtrechnungen werden Schuldner und Gläubiger der Kreditinstitute einmal nach Inland und Ausland unterschieden, zum anderen wird der Bereich "Inland" in die Sektoren "Unternehmen" und "Privatpersonen", "Öffentliche Haushalte" sowie "Kreditinstitute" als "intermediärer" Sektor unterteilt. Je nach dem Sektor, der Empfänger der Bankkredite ist oder der Mittel bei den Banken anlegt, sind unterschiedliche Wirkungen auf die Gesamtwirtschaft zu erwarten. Maßgebend für die Zuordnung zu einem Sektor ist stets der unmittelbare Geschäftspartner der Bank. So kann ein Wechselkredit nur von dem ersten ankaufenden Institut als Kredit z.B. an ein Unternehmen ausgewiesen werden; alle weiteren in die Refinanzierungskette eingeschalteten Kreditinstitute müssen die von ihnen angekauften Wechsel als Wechselkredite an Kreditinstitute zeigen. Entsprechendes gilt für andere Mittel, die durch mehrere Institute hindurchgeleitet werden, z. B. Mittel aus öffentlichen Kreditprogrammen. Auf diese Weise werden Doppelzählungen im Nichtbankensektor vermieden.

Wie ein Blick auf Anlage 4 (S. 129) zeigt, werden Aktiva und Passiva auch nach Fristen unterschieden: kurzfristig (bis zu einem Jahr), mittelfristig und schließlich langfristig (über 4 Jahre). Die Definition geht von den ursprünglich vereinbarten Fristen aus. Sie gibt Aufschluß über die Struktur des Bankgeschäfts und die Art der von den Banken hereingenommenen Mittel und gewährten Kredite; z.B. läßt sie die Zugehörigkeit von Interbankforderungen zum Geldmarkt oder zur langfristigen Refinanzierung, von Nichtbankengeldern zur Kassenreserve oder zur langfristigen Rücklage erkennen.

Zur Zeit wird vielfach - insbesondere auf EG-Ebene bei den Erörterungen über eine zukünftige EG-Bankbilanzrichtlinie - die Festlegung nach Restlaufzeiten erwogen. Man glaubt, damit einen besseren Einblick in die Liquidität eines Kreditinstituts zu gewinnen. Dabei wird jedoch übersehen, daß die Restlaufzeiten nur einen Teilaspekt der Liquiditätslage zeigen können. Auch wenn sich die Restlaufzeit für die Jahresbilanz durchsetzen sollte, könnte die Statistik nicht auf die Erfassung der Ursprungslaufzeiten verzichten. Dieses Kriterium bleibt weiterhin Bestandteil der Definition währungspolitisch wichtiger Orientierungsgrößen wie Geldvolumen (M_1, M_2, M_3), Zentralbankgeldmenge, Geldkapitalbildung, Kapitalverkehr mit dem Ausland u.a.m. Den Banken würde es bedauerlicherweise nicht erspart bleiben, die bisherige Gliederung nach Ursprungslaufzeiten in ihrer Buchhaltung weiterzuführen, wenn sie in Zukunft zusätzlich generell die Restlaufzeiten ihrer Aktiven und Passiven aufgrund einer EG-Richtlinie erfassen müßten.

Ergänzt werden die Daten der Monatlichen Bilanzstatistik durch verschiedene Zusatzerhebungen: In der Kreditnehmerstatistik, die vierteljährlich erhoben wird, werden die Kredite der Banken an inländische Unternehmen und Selbständige nach Branchen gegliedert und zusätzlich die Kredite für den Wohnungsbau an Unternehmen und Privatpersonen erfragt. Im Auslandsstatus der Kreditinstitute sind monatlich die Forderungen und Verbindlichkeiten der Kreditinstitute gegenüber dem Ausland nach Ländern und Währungen in den vielfältig vorkommenden Kombinationen aufzugliedern.

3. Meldepflicht

Meldepflichtig sind generell alle Banken, die in der Bundesrepublik Deutschland tätig sind. Dies betrifft also sowohl die Universalbanken als auch die Spezialbanken. Zur Zeit geben 3300 Banken monatliche Meldungen zur Bilanzstatistik ab. Eine Meldelücke besteht lediglich bei den Kreditgenossenschaften; von den heute noch 3750 Instituten dieser Bankengruppe sind - überwiegend aus technischen Gründen - nur 2250 Institute in der Bankenstatistik erfaßt. Die Bilanzsumme der 1500 fehlenden Kreditgenossenschaften macht zwar nur 1,4 % der Bilanzsumme aller Banken aus, von der Bilanzsumme der Kreditgenossenschaften allein fehlen jedoch 11 %, was bei der Betrachtung von Bankengruppenzahlen zu berücksichtigen ist. Ein besonderes Problem besteht darin, daß in der Gruppe der Kreditgenossenschaften durch Fusion von berichtspflichtigen mit bisher nicht berichtspflichtigen Instituten laufend ein statistischer Zuwachs zu verzeichnen ist, der nicht auf die normale Geschäftsentwicklung zurückgeht. Man trägt dem dadurch Rechnung, daß in den Veränderungsreihen diese aus den Fusionen herrührenden Zugänge ausgeschaltet werden. Eine vollständige Einbeziehung aller Kreditgenossenschaften dürfte mit der forschreitenden Anwendung der EDV-Technik durch die Institute und ihre Rechenzentralen in den Bereich des Realisierbaren rücken.

Als statistisch Geschulte werden Sie vielleicht die Frage stellen, ob man sich denn nicht mit einer Stichproben-Statistik behelfen könnte; gerade im Zusammenhang mit der mißglückten Volkszählung oder dem Bestreben nach Entbürokratisierung wird diese Frage ja sozusagen an jede amtliche Statistik gestellt. Die Monatliche Bankenstatistik ist hierfür aber ungeeignet. Im ersten Jahrzehnt nach der Währungsreform gab es eine 14-tägige Meldung für rd. 480 Kreditinstitute. Es erwies sich statistisch als unmöglich, auf dieser Basis eine zuverlässige Hochrechnung vorzunehmen, die Grundgesamtheit ist hierfür zu klein und zu heterogen, auch ist die Fragestellung zu detailliert. Außerdem brächte eine Stichprobenerhebung den Kreditinstituten keine größere Arbeitsersparnis, da gleiche Meldungen an die Bankenaufsicht zu erstatten sind, dies aber nicht aus statistischen Gründen, sondern wegen der Beurteilung der jeweils einzelnen Institute; auf Einzelmeldungen kann also nicht verzichtet werden.

Bei der statistischen Meldepflicht wird kein Unterschied danach gemacht, ob ein in der Bundesrepublik tätiges Institut im inländischen oder ausländischen Besitz ist; auch die rechtlich unselbständigen Filialen ausländischer Banken haben Meldungen einzureichen. Deutsche Institute, die Filialen im Ausland unterhalten, haben zwei gesonderte Meldungen über das Geschäft ihrer Zentrale und der Filialen im Inland und über das Geschäft ihrer Auslandsfilialen abzugeben. Die Daten der Inlandsniederlassungen sind Gegenstand der Monetären Analyse, mit der untersucht wird, wie sich die Beziehungen der in der Volkswirtschaft der Bundesrepublik tätigen Banken zur inländischen Wirtschaft und zum Ausland entwickeln. Über die Auslandstöchter (also juristisch selbständige Niederlassungen) deutscher Banken liegen bisher nur Teilangaben über die Geschäftsbeziehungen zu Partnern in der Bundesrepublik vor, da im Jahre 1972 der Versuch, die Geschäfte dieser besonders exponierten Institute insgesamt zu erfassen, an der Berufung auf die Souveränität Luxemburgs scheiterte. Auch heute gibt es noch keine auf gesetzlicher Grundlage beruhenden Meldungen über diesen Bereich; selbst die für bankaufsichtliche Zwecke übermittelten Informationen basieren auf einem Gentlemen's Agreement mit den Banken.

Zur Zeit wird der Ausbau dieser Meldungen zu einer vollständigen Bilanzstatistik vorbereitet, die ab Ende 1984 von den inländischen Mutterinstituten einzureichen ist. Sie soll, zusammen mit den Angaben über Filialen, Aufschluß geben über die Entwicklung des Auslandsgeschäfts der Auslandsniederlassungen. Das Auslandsgeschäft der deutschen Banken ist schon seit längerem zu wesentlichen Teilen auf Niederlassungen im Ausland verlagert worden. Die Auslandstöchter haben dabei die Auslandsfilialen überflügelt. Wenn die statistischen Meldungen über die Auslandstöchter von Ende 1984 an vorliegen, wird man in der Lage sein, u.a. die Länderrisiken der deutschen Bankkonzerne in ihrem ganzen Umfang (monatlich) zu kennen.

Die Entwicklung der internationalen Verschuldung hat gezeigt, daß es für eine Notenbank notwendig ist, und schon lange notwendig war, darüber orientiert zu sein, welches Engagement die insgesamt ihrem Land konzernrechtlich zuzuordnenden Institute eingegangen sind. Ganz abgesehen davon dürfte die Meldepflicht manchem Institut helfen, über sich selbst bessere Informationen zu erhalten. Es ist bedauerlich, aber nicht aus der Luft gegriffen, daß in manchen Fällen erst staatliche Vorschriften dazu führen, daß Unternehmen, auch Banken, jene Daten ermitteln, die sie aus betriebswirtschaftlichen Gründen schon lange haben sollten.

4. Technik der Aufbereitung

Der Weg der statistischen Meldungen führt von den Kreditinstituten über die für ihren Sitz örtlich zuständigen Zweiganstalten der Landeszentralbanken zu den Hauptverwaltungen in den einzelnen Bundesländern und schließlich zur Dienststelle des Direktoriums der Bundesbank in Frankfurt. Für die Datenerfassung werden Geräte der mittleren Datentechnik eingesetzt; sie ermöglichen es, daß vorläufige Ergebnisse in der Regel etwa 3 Wochen nach dem Meldestichtag vorliegen. Die Einzel- und Gruppendaten gehen in die Datenbank der Bundesbank ein, aus der die detaillierte Aufbereitung, die zur Veröffentlichung bestimmten Tabellen und vielfältige andere Auswertungen gewonnen werden.

Die Möglichkeiten der elektronischen Datenverarbeitung spielen in den letzten Jahren eine immer größere Rolle für die Bankenstatistik. Seit 1980 ist es den Kreditinstituten gestattet, anstelle ausgefüllter Meldevordrucke Meldungen in Form von Computerausdrucken einzureichen. Darüber hinaus ist die Bundesbank mit verschiedenen Rechenzentren von Kreditgenossenschaften und Sparkassen zu einer Vereinbarung gelangt, nach der diese Rechenzentren der Bundesbank zusätzlich bankstatistische Meldungen der ihnen angeschlossenen Institute auf Magnetband liefern, so daß in der Bundesbank die Arbeit der Datenerfassung für diese Meldungen wegfallen kann. Grundsätzlich bietet die elektronische Datenverarbeitung heute die Möglichkeit, auch sehr zahlreiche Konten monatlich in detaillierter Aufgliederung zu erfassen. Auf der anderen Seite lassen sich jedoch auch Nachteile nicht übersehen; man wird in mancher Hinsicht weniger flexibel.

5. Präsentation der bankstatistischen Ergebnisse

Welche Erkenntnisse sind nun aus den Daten der Bankenstatistik zu gewinnen? Man kann sich darüber leicht einen Überblick verschaffen, indem man die Publikationen der Bundesbank durchgeht. Im Statistischen Teil der Monatsberichte, im Statistischen Beiheft zu den Monatsberichten Reihe 1, Bankenstatistik nach Bankengruppen, und in Beilagen hierzu, in einigen Tabellen der Statistischen Beihefte Reihe 2, Wertpapierstatistik, und Reihe 3, Zahlungsbilanzstatistik, und schließlich in jährlich wiederkehrenden Sonderaufsätzen im Monatsbericht werden die Ergebnisse der Bankenstatistik in ihrer ganzen Breite dargelegt;

wir publizieren monatlich an die 6000 neue Zahlenangaben, weitere 7000 werden vierteljährlich, halbjährlich oder jährlich veröffentlicht. Sie lassen die Struktur des Geschäfts der inländischen Bankniederlassungen zu einem bestimmten Zeitpunkt erkennen, Veränderungen der Relationen im Zeitablauf, Richtung und Tempo der Entwicklung einzelner Geschäftsarten. Die Aktiva und Passiva werden im Beiheft Reihe 1 für fünfzehn Bankengruppen dargestellt. Aufgrund dieser Detaillierung kann das gesamte Bankgeschäft aus der Sicht einzelner Bankengruppen analysiert werden, und die einzelne Bank kann ihre eigene Position im Verhältnis zur Konkurrenz erkennen. Auch Sie als Studenten finden hier den gesamten Mikro- und Makrokosmos der Bankenwelt in Zahlen wieder. Diese Nutzung der statistischen Ergebnisse ist wichtig, sie ist z.T. eine Information für "business use", aber natürlich ist das nicht der Hauptzweck dieser Statistik. Er zielt auf einen Informationsgehalt, der für die Geldpolitik genutzt werden kann.

6. Aufbau der Konsolidierten Bilanz des Bankensystems

Für die geldpolitischen Zwecke ist es notwendig, die statistischen Ergebnisse in geldpolitisch relevante Größen umzuformen, also etwa globale Größen wie Geldvolumen, Kreditgewährung usw. zu gewinnen. Technisch geschieht dies über die Konstruktion einer Konsolidierten Bilanz des Bankensystems, in der Zwischenbankbeziehungen ausgeschaltet und auch die Daten des Status der Bundesbank herangezogen werden (vgl. Anlage 1, S. 125, und Anlage 3, S. 128). Erst aus der Konsolidierten Bilanz aller Kreditinstitute geht, wie die vorgelegte Übersicht über ihren Aufbau aus den Daten der Kreditinstitute und der Bundesbank zeigt, das Geldvolumen der inländischen Wirtschaft hervor. Es umfaßt den Bargeldumlauf außerhalb der Kreditinstitute und - je nach Abgrenzung (M_1, M_2, M_3) - verschiedene Bankeinlagen der inländischen Nichtbanken. Die Konsolidierte Bilanz zeigt das gesamte Kreditvolumen auf, das der inländischen Wirtschaft von den Banken und der Bundesbank gewährt worden ist, und das Geldkapital, das die inländische Wirtschaft beim inländischen Bankensystem gebildet hat (alle Verbindlichkeiten der Banken, die nicht zum Geldvolumen rechnen). Um die Beziehungen des Bankensystems zur inländischen Wirtschaft darstellen zu können, werden die Auslandsbeziehungen der Banken ausgegliedert und zu einer Netto-Auslandsposition zusammengefaßt. Zum anderen werden alle Beziehungen der meldenden Banken untereinander und zwischen Bundesbank und Banken ausgeschaltet. Theoretisch müßten sie dadurch verschwinden, da die Forderungen einer Bank an eine andere identisch sein müßten mit den entsprechenden Verbindlichkeiten der anderen Bank. Tatsächlich ergibt sich aber bei der Aufrechnung ein Saldo, der in der Hauptsache auf den sogenannten "Float" zwischen den Kreditinstituten (auf Grund unterschiedlicher Buchungszeitpunkte) zustande kommt. Bei dem Saldo handelt es sich in der Regel um einen Überschuß der Interbankpassiva über die -aktiva, d.h. die Belastung erfolgt früher als die Gutschrift - nicht, wie Sie vielleicht denken, weil die Banken daran verdienen, nein, sondern weil der Überweisungsverkehr ein größeres Gewicht als der Scheck- und Lastschriftenverkehr hat (honni soi qui mal y pense...) (vgl. Anlage 3, S. 128).

II.

Lassen Sie mich anhand der konsolidierten Bilanz darauf zu sprechen kommen, wie die bankstatistischen Ergebnisse der Geldpolitik dienen. Ein Grundproblem der Geldpolitik besteht darin, daß der Zusammenhang zwischen dem, was die Notenbank tut, und dem, was davon in der realen Wirtschaft ankommt, komplex und unübersichtlich ist. Wie Sie wissen, ist das Endziel der Bundesbankpolitik im Bundesbankgesetz eindeutig definiert: mit ihren Mitteln die Währung stabil halten. Da aber der Übertragungsmechanismus der Geldpolitik kompliziert ist, braucht sie, um das Endziel zu erreichen, spezifische Indikatoren und Zwischenzielgrößen aus dem finanziellen Bereich, um ihren geldpolitischen Kurs abstecken und laufend kontrollieren zu können. Die Bundesbank hat bekanntlich die Zentralbankgeldmenge zum zentralen Indikator und Zwischenziel ihrer Politik gemacht; sie erklärt jährlich im voraus, um wieviel ihrer Meinung nach dieses Aggregat wachsen soll, um Stabilität zu sichern und ein Wachstum der Wirtschaft zu ermöglichen. Die Zentralbankgeldmenge umfaßt den Bargeldumlauf in der Hand von Nichtbanken und das Mindestreserve-Soll der Banken für ihre Inlandsverbindlichkeiten. Diese Größe ist aus dem Ausweis der Notenbank und der Mindestreservestatistik abzuleiten, also nicht aus der Monatlichen Bilanzstatistik. Sie ist gewissermaßen der Reflex der Geldmengenentwicklung im Status der Bundesbank. Die Transaktionen der Notenbank können aber die

Entwicklung der Zentralbankgeldmenge als solche nicht erklären. Sie lassen nur das "Angebot" der Notenbank erkennen; m.a.W.: nur wenn sie zusätzliches Zentralbankgeld bereitstellt, kann die Zentralbankgeldmenge wachsen. Ob sich dieses Angebot in einem bestimmten Wachstum der Zentralbankgeldmenge niederschlägt oder ob es nur den Schuldensockel der Kreditinstitute bei der Notenbank bzw. ihre unausgenutzten Refinanzierungslinien verändert, hängt letztlich vom Zentralbankgeldbedarf der Kreditinstitute ab. Hier führt die monetäre Analyse einen Schritt weiter. Sie zeigt, wie als Ergebnis des Verhaltens der Kreditinstitute einerseits und der Bankkunden andererseits Zentralbankgeldbedarf entstanden ist. Analytisch geschieht dies, indem sie die Entwicklung des Bargeldumlaufs und der reservepflichtigen Bankverbindlichkeiten den übrigen Positionen der Konsolidierten Bilanz des Bankensektors (einschließlich Bundesbank) gegenüberstellt.

Allerdings enthalten die Bilanzzahlen nicht die "ganze Wahrheit". Der Bilanzzusammenhang ist eine Identität, die immer erfüllt ist. Die Analyse muß deshalb über den Niederschlag bestimmter Vorgänge in den Bilanzen hinausgehen. Die wichtigsten Zusatzinformationen, die mit in die Betrachtung einbezogen werden, sind Zinssätze, angefangen von den Konditionen, zu denen die Notenbank den Zentralbankgeldbedarf der Banken deckt, über die Geldmarktzinsen und die Bankzinsen bis hin zu den Zinsen am Kapitalmarkt. Nur über die Beeinflussung der Geldmarktbedingungen und die hiervon ausgehenden Impulse auf die nachgelagerten Finanzmärkte steuert die Bundesbank die monetäre Entwicklung. Über Zins- und Zinsstruktureffekte beeinflußt sie die Portfolioentscheidungen der Banken und Nichtbanken. Bezieht man solche Portfolioüberlegungen in die Interpretation des Bilanzzusammenhangs ein, gewinnt man Informationen, die eine Analyse der Ursachen der monetären Entwicklung erlauben.

Die monetäre Analyse verhilft insbesondere zu einer gewissen Sicherheit in der Beurteilung der laufenden monetären Entwicklung. Das Geldmengenwachstum unterliegt kurzfristig nicht unbeträchtlichen Zufallsschwankungen. Für die Bundesbank ist es deshalb wichtig, frühzeitig zu wissen, ob Abweichungen der Zentralbankgeldmenge vom Zielpfad als zufallsbedingt oder als dauerhaft anzusehen sind. So belegte die Bilanzstatistik Anfang 1983 hinreichend, daß die zeitweilige Überschreitung des Geldmengenziels in hohem Maße auf Sondereinflüsse zurückzuführen war, wie die hohen Freigaben prämienbegünstigter Spareinlage im Januar, spekulationsbedingte Geldzuflüsse im Februar/März und die Gewinnausschüttung im April. Spätestens nachdem diese Sondereinflüsse im zweiten Quartal abgeklungen waren, machte die monetäre Analyse aber auch deutlich, daß die grundlegende Dynamik der monetären Expansion angesichts der fortschreitenden Belebung der Inlandsnachfrage recht kräftig war. Das ließ sich vor allem anhand der Beschleunigung der Bankkreditgewährung an den privaten Sektor leicht belegen und legte eine gewisse Dämpfung im Hinblick auf Liquidität und Zinsen nahe.

Die monatliche Analyse des Geldschöpfungsprozesses im Rahmen der Konsolidierten Bilanz sowie die Auswertung zusätzlicher Informationen über die Entwicklung der Finanzmärkte sind für die laufende Überprüfung des geldpolitischen Kurses auch deshalb wichtig, weil sich die Geldpolitik nie ausschließlich auf eine einzige monetäre Zwischenzielgröße beziehen kann. Jeder Indikator hat spezifische Schwächen. So hat in der Zentralbankgeldmenge der Bargeldumlauf ein unverhältnismäßig hohes Gewicht; dies führt bei Bargeldbewegungen, die aus dem Rahmen fallen, zu gewissen Verzerrungen.

Um solche Verzerrungen abzugreifen, vergleichen wir unter anderem den Verlauf der Zentralbankgeldmenge laufend mit der Entwicklung der Geldmenge in der weiten Abgrenzung M_3, auf die das Analyseschema der Konsolidierten Bilanz zugeschnitten ist. Die Geldmenge M_3 ist ähnlich weit definiert wie die Zentralbankgeldmenge. Es überrascht deshalb nicht, daß sich beide Aggregate auf mittlere Sicht, das heißt über einen Zeitraum von 9 bis 12 Monaten hinweg, weitgehend parallel entwickeln. Bei temporären Divergenzen machen wir frühzeitig auf die vermuteten Ursachen (z.B. die hohe Zinselastizität der Bargeldnachfrage oder eine spekulative Nachfrage des Auslands nach D-Mark-Noten) aufmerksam und sorgen so dafür, daß in der Öffentlichkeit kein falsches Bild über den Kurs der Geldpolitik entsteht. So zeigte der Vergleich zwischen der Zentralbankgeldmenge und M_3 im Jahre 1981, also in einer Phase hoher Zinsen, daß das ausgewiesene Wachstum der Zentralbankgeldmenge damals die tatsächliche monetäre Expansion unterzeichnete. Umgekehrt ergab dieser Vergleich während der Phase des kräftigen Geldmengenwachstums 1983, daß die Geldmenge M_3 ähnlich stark expandierte wie die Zentralbankgeldmenge, diese also trotz Sonderbewegungen beim Bargeldumlauf die Stärke der monetären Entwicklung einigermaßen richtig wiedergab. (Anlage 5, S. 130, zeigt auch, warum M_1 nicht zugrunde gelegt wird.)

Unter den Bilanzgegenposten des Geldvolumens sind für die Bundesbank insbesondere die Kreditgewährung der Banken und die Geldkapitalbildung interessant. Ihnen kommt nicht nur rein quantitativ die größte Bedeutung für das Geldmengenwachstum zu. Die Bundesbank kann mit ihren Instrumenten in diesen Bereichen auch am stärksten Einfluß auf die Veränderung des Geldvolumens nehmen. So kann sie mit den Mitteln der Liquiditätspolitik den Spielraum der Banken für deren Kreditgewährung an ihre Kunden einschränken oder erweitern und mit den Mitteln der Zinspolitik die Neigung der Banken, liquide Aktiva zugunsten weniger liquider, dafür aber höher verzinslicher Anlagen umzuschichten. Ebenso beeinflußt sie mit ihrer Zinspolitik die Kreditnachfrage der Nichtbanken, zwar nicht die des Staates, der sich häufig als sehr "zinsrobust" erweist, aber doch die des privaten Sektors. So hat beispielsweise die Entwicklung der Wohnungsbau- und der Konsumentenkredite geradezu "lehrbuchhaft" auf die Ende 1981 eingeleiteten Zinssenkungen reagiert. Freilich schlagen sich in der Entwicklung der Bankkredite mehr die Langfristwirkungen der Geldpolitik nieder; kurzfristig ist hier, je nach Konjunkturlage, Inflationserwartungen etc., mit erheblichen systemtypischen Wirkungsverzögerungen zu rechnen.

Spätestens seit dem Übergang zu einer am Geldmengenziel orientierten Politik interessiert im Rahmen der monetären Analyse weniger die Kreditexpansion an sich als vielmehr deren Wirkung auf die Geldmenge. Tatsächlich ließe sich die Kreditgewährung in der Bundesrepublik wohl kaum als ein der Geldmenge vergleichbarer monetärer Indikator ansehen. Die Kreditexpansion hat sich in manchen Fällen als konjunktureller Spätindikator erwiesen. Sie ist außerdem unvollständig, wenn das Wachstum der Geldbestände zusätzlich durch Kreditaufnahmen der Unternehmen im Ausland oder durch Monetisierung von Leistungsbilanzüberschüssen alimentiert wird. Beides spielt in der Bundesrepublik eine erhebliche Rolle. So nahmen beispielsweise die Unternehmen und der Staat 1980/81 umfangreiche Mittel im Ausland auf, während sie im Jahr 1983 ihre Auslandsverschuldung per saldo zurückführten. Die Kreditinanspruchnahme des privaten Sektors wird kurzfristig zusätzlich von den Kassendispositionen der öffentlichen Hand beeinflußt. Wenn diese der Wirtschaft umfangreiche liquide Mittel zuführen, können sich die Unternehmen die Aufnahme zusätzlicher Bankkredite ersparen. Man denke nur an die Verausgabung des Bundesbankgewinns durch den Staat. Vor allem aber gibt die Beobachtung der Kreditexpansion leicht zu irreführrenden Schlußfolgerungen über die monetäre Gesamtsituation Anlaß, wenn ein unterschiedlicher Teil des hieraus resultierenden Geldangebots zur längerfristigen Geldvermögensbildung bei Banken verwendet wird. Das Geldvolumen expandiert dann relativ stärker oder schwächer, als es die gleichzeitige Veränderung der Bankkredite nahezulegen scheint; "Spreizeffekte" (Stützel) können hier eine Rolle spielen.

Mehr als die Hälfte der Bankverbindlichkeiten gegenüber Nichtbanken sind längerfristiger Art. Das längerfristige Mittelaufkommen reagiert erkennbar und vergleichsweise rasch auf nachhaltige Zinsänderungen. Die Bundesbank kann daher über Veränderungen der kurzfristigen Zinsen das Geldmengenwachstum beeinflussen. Dieser Steuerungsmechanismus bewirkt durchaus mehr als eine kosmetische Korrektur der Geldbestände. Denn mit einer langfristigen Bindung dokumentieren die Geldanleger, daß sie längere Zeit auf Ausgaben verzichten. Häufig geht deshalb mit einer steigenden Geldkapitalbildung auch eine zunehmende Sparquote einher. Ein gutes Beispiel für eine prompte Reaktion der Geldnachfrage stellt das vergangene Jahr dar. Damals blieb die Kreditnachfrage von den leichten zins- und liquiditätspolitischen Kurskorrekturen der Bundesbank völlig unberührt, während die Geldkapitalbildung als Folge des Zinsanstiegs am längeren Ende kräftig ansprang und damit letztlich die Einhaltung des Geldmengenziels sicherte. Kurzfristig erweist sich die Geldkapitalbildung jedoch unter Umständen als störungsanfällig. Bei ausgeprägter Zinsunsicherheit, wenn die Anleger steigende Zinsen bzw. fallende Wertpapierkurse erwarten, halten sie sich bei der langfristigen Geldanlage vorübergehend stark zurück und "parken" ihre Mittel auf Terminkonten. Das führt dann kurzfristig zu einer Aufblähung des Geldvolumens, obgleich es u.U. nicht viel bedeutet.

Natürlich läßt sich auch nicht ein für allemal entscheiden, welche Bankeinlagen als Geld bzw. als Geldkapital anzusehen sind. Denn hierbei geht es nicht um eine juristische Definition der Eindeutigkeit, sondern um einen Begriff der ökonomischen Zweckmäßigkeit. So kam es in der Hochzinsphase mit inverser Zinsstruktur 1981 vorübergehend zu umfangreichen Emissionen kurzlaufender Bankschuldverschreibungen, die von den Nichtbanken teilweise als Termineinlagensurrogate gehalten wurden. Dadurch wurde statistisch die Geldkapitalbildung über- und die Geldmenge M_3 unterzeichnet. Mit der anschließenden Normalisierung der Zinsstruktur hat sich diese Verzerrung der monetären Aggregate wieder zurückgebildet. Eine größere und dauerhafte Beeinträchtigung der Aussagekraft der monetären Aggregate, wie sie in einigen anderen Ländern zu beobachten war, läßt sich für die Bundesrepublik jedenfalls nicht konstatieren; hier sind wir besser dran als die USA mit den vielen "Innovations" im monetären Bereich.

Diese Bemerkungen machen deutlich, daß die Notenbank gut daran tut, ihre Analyse der monetären Zusammenhänge der Öffentlichkeit zugänglich zu machen. Wir tun dies beispielsweise, indem wir die monatlichen Ergebnisse der monetären Analyse in Form einer Pressenotiz publizieren und erläutern. Diese Pressenotiz wird ergänzt um eine Beschreibung der aktuellen Entwicklung der Zentralbankgeldmenge, die im nachfolgenden Monatsbericht abgedruckt wird. In den vierteljährlichen Quartalsberichten wird die monetäre Lage dann ausführlich erläutert und unsere Politik interpretiert, ebenso im jährlichen Geschäftsbericht sowie in Sonderpublikationen, von denen eine im Literaturverzeichnis aufgeführt ist; Sie können sie bei der Pressestelle der Bundesbank bestellen. Der Sinn dieser umfangreichen Publizitätsanstrengungen liegt auch darin, mögliche Mißverständnisse in der Öffentlichkeit hinsichtlich der monetären Lage und des geldpolitischen Kurses zu vermeiden. Der Hauptzweck besteht freilich darin, unsere Politik zu erläutern auf der Basis der gesamten Datenkonstellation in unserer Wirtschaft.

Literatur zur Bankenstatistik:

Bockelmann, Horst: Die Geldmenge als statistisches und geldpolitisches Problem. In: Allgemeines statistisches Archiv, Bd. 67, H.1, (Jan./März) 1983, S. 16 - 33.

Bratz, Detlef: Aufbau und Ergebnisse der Bankenstatistik nach der Umstellung zum Jahresende 1968. In: Kredit und Kapital, 2. Jg. (1969), H.2, S. 199 - 222.

Büschgen, Hans E.: Ein Kommentar zur Bankenstatistik aus der Sicht der Banken. In: Allgemeines statistisches Archiv, Bd. 67, H.1, (Jan./März) 1983, S. 34 - 48.

Deutsche Bundesbank: Die Umgestaltung der Bankenstatistik Ende 1968. In: Monatsberichte der Deutschen Bundesbank, 21. Jg., Nr. 4, April 1969, S. 5 - 16.

Deutsche Bundesbank: Die Deutsche Bundesbank. Geldpolitische Aufgaben und Instrumente. Sonderdrucke der Deutschen Bundesbank Nr. 7.

Deutsche Bundesbank: Deutsches Geld- und Bankwesen in Zahlen 1876 - 1975. Frankfurt am Main 1976.

Lüke, Anna-Elisabeth: Externe Bankenstatistik. In: Bankwirtschaft. Wiesbaden 1972, S. 1 - 26.

Lüke, Anna-Elisabeth: Bankenstatistik. In: Handwörterbuch der Finanzwirtschaft. Stuttgart 1976, Sp. 91 - 98.

Lüke, Anna-Elisabeth: Monatsausweise. In: Enzyklopädisches Lexikon für das Geld-, Bank- und Börsenwesen. Frankfurt am Main 1967/68, 3. Auflage, S. 1217 - 1219.

Zachau-Lüke, Anna-Elisabeth: Kreditwesen in der Bundesrepublik Deutschland, III: Statistik. In: Handwörterbuch der Wirtschaftswissenschaft (HdWW). Stuttgart und New York, Tübingen, Göttingen und Zürich 1977, S. 641 - 655.

Schramm, Ingeborg: Die Bankenstatistik der Deutschen Bundesbank - Erhebungsverfahren und Auswertungsprogramm. In: Allgemeines statistisches Archiv, Bd. 67, H.1, (Jan./März) 1983, S. 1 - 15.

Anlage 1

Zum Aufbau der Bankstatistischen Gesamtrechnungen

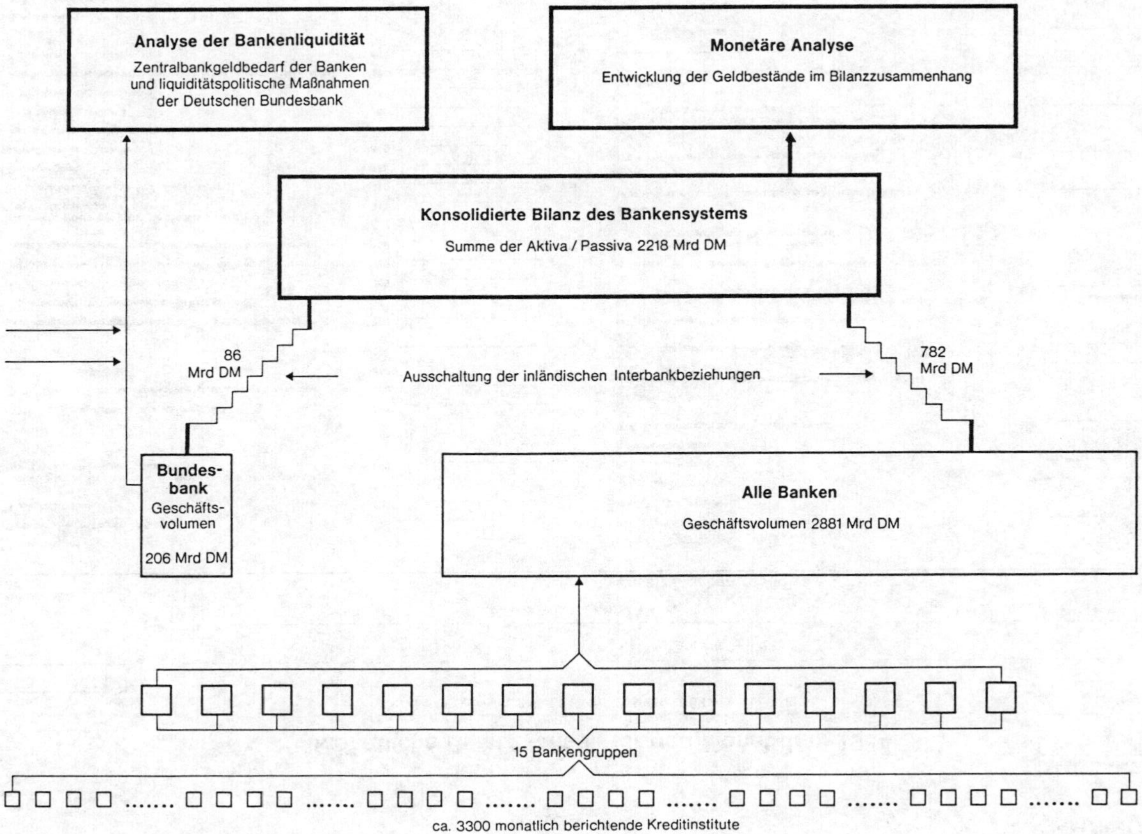

Anlage 2

Ortsstempel mit Nr.

Nur für Vermerk der LZB
Kontrolliert

Monatliche Bilanzstatistik für den Monat Juni 1984

gem. Anordnung der Deutschen Bundesbank vom 6. Dezember 1968 (Bundesanzeiger Nr. 236 vom 18. Dezember 1968; MBBk Nr. 8005/68 vom 6. Dezember 1968)

Banknummer | Prüfziffer

Name ____ Ort ____

Bankengruppe ____ LZB-Bereich ____ Rechtsform ____

– Stand am Monatsende; Beträge in Tsd DM –

HV 1

Aktiva

010	Kassenbestand	010	
020	Guthaben bei der Deutschen Bundesbank	020	
030	Postgiroguthaben	030	
040	Schecks, fällige Schuldverschreibungen, Zins- und Dividendenscheine sowie zum Einzug erhaltene Papiere	040	
050	Wechsel		
051	bundesbankfähige Wechsel (ohne 052)	051	
052	bei der Deutschen Bundesbank refinanzierbare Solawechsel	052	
053	sonstige Wechsel	053	
	Summe	050	
060	Forderungen an Kreditinstitute (einschl. Namensschuldverschreibungen)	060	
070	Schatzwechsel und unverzinsliche Schatzanweisungen	070	
080	Anleihen und Schuldverschreibungen	080	
090	Wertpapiere, soweit sie nicht unter anderen Positionen auszuweisen sind	090	
100	Forderungen an Kunden (einschl. Namensschuldverschreibungen)	100	
110	Ausgleichsforderungen gegen die öffentliche Hand und Deckungsforderungen	110	
120	Durchlaufende Kredite (nur Treuhandgeschäfte)	120	
130	Beteiligungen	130	
140	Grundstücke und Gebäude	140	
150	Betriebs- und Geschäftsausstattung	150	
160	Nicht eingezahltes Kapital	160	
170	Eigene Aktien (Geschäftsanteile)	170	
180	Anteile an einer herrschenden oder mit Mehrheit beteiligten Gesellschaft	180	
190	Eigene Schuldverschreibungen	190	
200	Sonstige Aktiva		
201	ausgewiesener Verlust	201	
202	Rechnungsabgrenzungsposten für Sparbriefe u. ä. Abzinsungspapiere	202	
203	Aktivsaldo der schwebenden Verrechnungen	203	
204	übrige Aktiva	204	
	Summe	200	
210	**Summe der Aktiva**	210	

Zusatzangaben zu Aktiva

	in Position 010 enthalten		
011	inländische gesetzliche Zahlungsmittel	011	
	in Position 050 enthalten		
058	eigene Ziehungen	058	
059	Auslandswechsel	059	
	In Position 060 enthalten		
069	Forderungen an die Deutsche Bundesbank	069	
	in Position 070 enthalten		
	Schatzwechsel und unverzinsliche Schatzanweisungen des Bundes		
071	Reihen B und BN 1)	071	
072	ohne besondere Kennzeichnung sowie Reihen N, L und LN 1)	072	
	in Position 090 enthalten (nur zum Jahresende auszufüllen)		
099	Besitz von mehr als dem zehnten Teil der Anteile einer Kapitalgesellschaft oder bergrechtlichen Gewerkschaft ohne Beteiligungen	099	
	in Position 100 enthalten (und in Anlage B 1 Position 500/3 auszuweisen)		
109	weniger als 4 Jahre laufende Tilgungsstreckungsdarlehen für Hypothekarkredite	109	
	zu Position 130		
139	Beteiligungen an inländischen Kreditinstituten, Nennbetrag	139	
	zu Position 170		
179	Nennbetrag der eigenen Aktien (Geschäftsanteile)	179	
	zu Position 180		
189	Nennbetrag der Anteile an einer herrschenden oder mit Mehrheit beteiligten Gesellschaft	189	
	zu Position 190		
199	Nennbetrag der eigenen Schuldverschreibungen	199	
470	Verwaltungskredite	470	
	im Berichtsmonat:		
480	Belastungen auf Konten von Nichtbanken (ohne Barverkehr) 2)	480	
491	zu Protest gegebene Wechsel – Stückzahl	491	
492	zu Protest gegebene Wechsel – Betrag	492	
493	nicht eingelöste Schecks (Vorlegungsvermerk) – Stückzahl	493	
494	nicht eingelöste Schecks (Vorlegungsvermerk) – Betrag	494	
	Abstimmsumme (011 bis 494)	901	

HV 2

Passiva

220	Verbindlichkeiten gegenüber Kreditinstituten (einschl. Namensschuldverschreibungen) (für Bausparkassen: einschl. Bauspareinlagen)	220	
230	Verbindlichkeiten aus dem Bankgeschäft gegenüber anderen Gläubigern (einschl. Namensschuldverschreibungen)		
231	Spareinlagen (für Bausparkassen: einschl. Bauspareinlagen)	231	
232	andere Verbindlichkeiten	232	
	Summe	230	
240	Inhaberschuldverschreibungen im Umlauf (einschl. verkaufter, noch zu liefernder Inhaberschuldverschreibungen)	240	
250	Eigene Akzepte und Solawechsel im Umlauf	250	
260	Durchlaufende Kredite (nur Treuhandgeschäfte)	260	
270	Rückstellungen	270	
280	Wertberichtigungen		
281	Einzelwertberichtigungen	281	
282	Sammelwertberichtigungen	282	
	Summe	280	
290	Sonderposten mit Rücklageanteil	290	
300	Grund- oder Stammkapital bzw. Geschäftsguthaben	300	
310	Offene Rücklagen (gemäß § 10 KWG)	310	
320	Sonstige Passiva		
321	Verpflichtungen aus Warengeschäften u. aufgenomm. Warenkrediten	321	
322	Passivsaldo der schwebenden Verrechnungen	322	
323	übrige Passiva	323	
	Summe	320	
330	**Summe der Passiva**	330	
340	Den Kreditnehmern abgerechnete eigene Ziehungen im Umlauf	340	
350	Indossamentsverbindlichkeiten aus rediskontierten Wechseln	350	
360	Aus dem Wechselbestand vor Verfall zum Einzug versandte Wechsel (ohne Inkassowechsel)	360	
370	Geschäftsvolumen (330 bis 360)	370	
380	Geldaufnahme gegen Sicherheitsleistung		
381	durch eigene Aktiva	381	
382	durch sonstige Sicherheiten	382	
	Summe	380	

Für die Richtigkeit der Meldung (einschl. Anlagen)

Ort, Datum ____________________ Sachbearbeiter ____________________

Firma und Unterschrift ____________________ Telefon ____________________

Vordr. 10220 05.84 – 6 5 4 3 2

Zusatzangaben zu Passiva

	in Position 220 enthalten		
229	den Kreditnehmern nicht abgerechnete eigene Ziehungen im Umlauf	229	
	zu Position 250 nachrichtlich		
259	eigener Bestand an eigenen Akzepten	259	
	in Position 340 und 350 enthalten		
351	im Ausland rediskontierte Wechsel	351	
390	Den Kreditnehmern nicht abgerechnete weitergegebene Wechsel (ohne eigene Ziehungen)	390	
400	Verbindlichkeiten aus Bürgschaften, Wechsel- und Scheckbürgschaften sowie aus Gewährleistungsverträgen	400	
410	Verbindlichkeiten aus Devisentermingeschäften		
411	Abnahmeverpflichtungen 3)	411	
412	Lieferverpflichtungen 3)	412	
	Abstimmsumme (229 bis 412)	902	
420	Verbindlichkeiten im Falle der Rücknahme von in Pension gegebenen Gegenständen, sofern diese Verbindlichkeiten nicht auf der Passivseite auszuweisen sind, gegenüber		
421	inländischen Kreditinstituten	421	
422	inländischen Nichtbanken	422	
423	Ausländern	423	
	Summe	420	
430	Obligo gegenüber der Deutschen Bundesbank		
431	aus im Rediskontgeschäft weitergegebenen Wechseln	431	
432	aus Wechseln, } die im Offenmarktgeschäft mit Rücknahmeverpflichtung weitergegeben wurden (in Pos. 220 enthalten)	432	
433	aus Wertpapieren 4), }	433	
434	aus Lombarddarlehen	434	
	Summe	430	
	in Position 431 enthalten		
439	den Kreditnehmern nicht abgerech. Wechsel (einschl. eig. Ziehungen)	439	
440	Zahl der im Umlauf befindl. gültigen Scheckkarten (nur zum 31. Juli auszufüllen)	440	
450	Sparprämien nach dem Spar-Prämiengesetz	450	
460	Bestand der nach dem Spar-Prämiengesetz und dem Vermögensbildungsgesetz festgelegten Wertpapiere in Depots sowie festgelegten Sparbriefe u. ä. (Erwerbspreis gemäß § 3 Abs. 4 SparPDV)	460	
	Abstimmsumme (439 bis 460)	903	

Größere Veränderungen einzelner Positionen in der laufenden Geschäftsentwicklung sowie nennenswerte Veränderungen der Forderungen durch Bewertungskorrekturen im Berichtsmonat bitte auf einem gesonderten Blatt erläutern

1) Abstimmung mit Anlage E1 Position 123/1: Status 071 + 072
2) Nicht von Bausparkassen auszufüllen
3) Von allen Kreditinstituten auszufüllen, die zum Auslandsstatus herangezogen werden; Umrechnung der Fremdwährungsbeträge zu den jeweiligen Kassamittelkursen am Meldestichtag
4) Einschl. unverzinslicher Schatzanweisungen

Anlage 3

Aufbau der Konsolidierten Bilanz des Bankensystems
Stand Ende 1983; Mrd DM

Aktiva

Position	Kredit-institute	Deutsche Bundesbank	Konsolidierte Bilanz
Kredite an inländische Nichtbanken (einschl. Bestände an Wertpapieren inländischer Nichtbanken)	1 808,5	17,3	1 825,8
Auslandsaktiva			
Kredite an ausländische Nichtbanken und Kreditinstitute (einschl. Bestände an Wertpapieren ausländischer Emittenten)	210,7		} 294,7
Währungsreserven		81,6	
Sonstige Forderungen an das Ausland		2,4	
Sonstige Aktiva	79,0	18,6	97,6
Summe der Aktiva der Konsolidierten Bilanz			2 218,1

Passiva

Position	Kredit-institute	Deutsche Bundesbank	Konsolidierte Bilanz
Geldvolumen			
Bargeldumlauf		104,7	} 96,4
abzüglich Aktivposition Kassenbestand	8,3		
Sichteinlagen inländischer Unternehmen und Privatpersonen	184,5	0,6	} 199,4
Sichteinlagen inländischer öffentlicher Haushalte	14,3		
M 1			295,8
Termingelder inländischer Nichtbanken bis unter 4 Jahren	219,5		219,5
M 2			515,3
Spareinlagen inländischer Nichtbanken mit gesetzlicher Kündigungsfrist	359,5		359,5
M 3			874,8
Zentralbankeinlagen inländischer öffentlicher Haushalte		2,2	2,2
Geldkapital inländischer Nichtbanken			
Termingelder von 4 Jahren und darüber	265,6		} 1 015,9
Spareinlagen mit vereinbarter Kündigungsfrist	189,0		
Sparbriefe	135,7		
Inhaberschuldverschreibungen im Umlauf, soweit nicht im Bestand inländischer Kreditinstitute 1)	335,0		
Kapital und Rücklagen	92,0	4,9	
abzüglich Aktivposition Beteiligungen an inländischen Kreditinstituten	6,3		
Auslandspassiva			
Verbindlichkeiten gegenüber/Einlagen von ausländischen Nichtbanken und Kreditinstituten (auch in Form von Mobilisierungstiteln)	157,8	14,1	} 175,3
Verbindlichkeiten im Europäischen Währungssystem		-	
Ausgleichsposten für zugeteilte Sonderziehungsrechte		3,4	
Überschuß der Interbankverbindlichkeiten			
Verbindlichkeiten gegenüber/Einlagen von inländischen Kreditinstituten (einschl. Inhaberschuldverschreibungen im Umlauf, soweit im Bestand inländischer Kreditinstitute)	734,2	57,2	} 23,4
Verbindlichkeiten gegenüber der Deutschen Bundesbank	84,9		
abzüglich Aktivpositionen			
Kredite an inländische Kreditinstitute (einschl. Bestände an Bankschuldverschreibungen)	705,9	85,7	
Guthaben bei der Deutschen Bundesbank	61,2		
Sonstige Passiva	108,0	18,5	126,5
Summe der Passiva der Konsolidierten Bilanz			2 218,1

1) Die Bestände an Inhaberschuldverschreibungen in der Hand von Ausländern sind nicht bekannt; die Käufe/Verkäufe durch Ausländer können nur bei der Veränderung des Geldkapitals berücksichtigt werden. - Differenzen in den Summen durch Runden der Zahlen.

Anlage 4

Struktur der Erhebung zur Monatlichen Bilanzstatistik

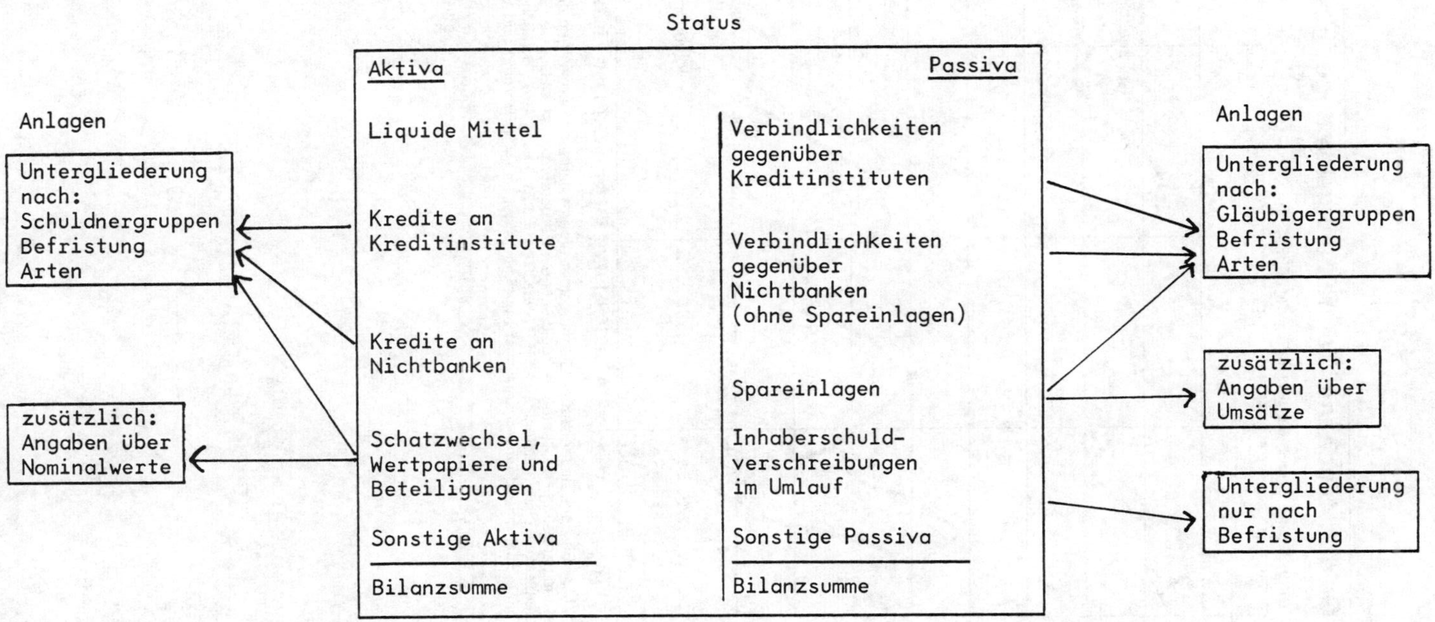

Anlage 5

Geldbestände und Zentralbankgeldmenge

Veränderung gegen Vorjahr in %, vierteljährlich

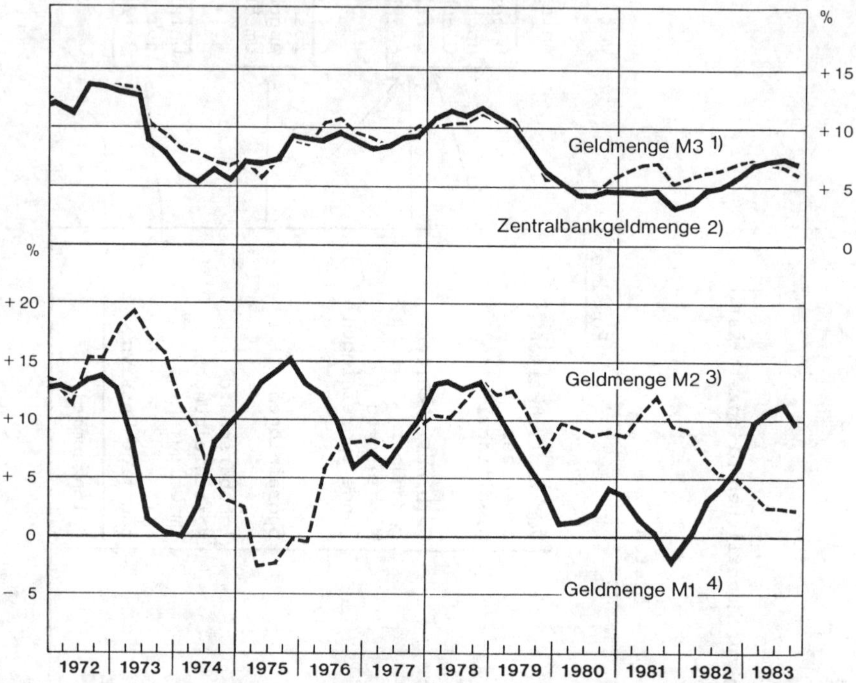

1) M3=Bargeld, Sichteinlagen, Termingelder unter 4 Jahren, Spareinlagen mit gesetzlicher Kündigungsfrist.- 2) Zentralbankgeldmenge= Bargeldumlauf plus Reserve-Soll auf Inlandsverbindlichkeiten (mit konstanten Reservesätzen - Basis Januar 1974 - berechnet).- 3) M2=M3 ohne Spareinlagen mit gesetzlicher Kündigungsfrist.- 4) M1= Bargeld und Sichteinlagen.